胜诉有道：杨律师以案释法

杨培国　主编

SHENG SU YOU DAO：YANG LÜ SHI YI AN SHI FA

中国民主法制出版社
全国百佳图书出版单位

图书在版编目（CIP）数据

胜诉有道：杨律师以案释法/杨培国主编．—北京：中国民主法制出版社，2020.12

ISBN 978-7-5162-2336-9

Ⅰ.①胜…　Ⅱ.①杨…　Ⅲ.①案例—汇编—中国

Ⅳ.①D920.5

中国版本图书馆 CIP 数据核字（2020）第 250421 号

图书出品人： 刘海涛
出 版 统 筹： 乔先彪
责 任 编 辑： 逯卫光

书名/胜诉有道：杨律师以案释法
作者/杨培国　主编

出版·发行/中国民主法制出版社
地址/北京市丰台区右安门外玉林里 7 号（100069）
电话/（010）63055259（总编室）　63058068　63057714（营销中心）
传真/（010）63055259
http：// www. npcpub. com
E-mail： mzfz@ npcpub. com
经销/新华书店
开本/16 开　710 毫米 ×1000 毫米
印张/14.75　**字数**/216 千字
版本/2021 年 7 月第 1 版　2021 年 7 月第 1 次印刷
印刷/北京天宇万达印刷有限公司

书号/ISBN 978-7-5162-2336-9
定价/58.00 元

本书编委会

序　言

我们是中国律师队伍里的“律师杨家将”

在我们源远流长的中华传统文化里，流传至今并能够做到家喻户晓、耳熟能详，包含中华传统美德，对一个姓氏群体用一个词语表达众口皆碑的，莫过于“杨家将”了。

说到“杨家将”一词的来源，最早见于明代初年描写杨家将的英雄传奇系列故事，以纪振伦（秦淮墨客）校阅的《杨家府演义》、熊大木的《北宋志传》（又名《杨家将传》《杨家将》《杨家将演义》）等形式在中国民间广为流传。

这些描写杨家将英雄传奇的系列故事，以北宋前期杨业、杨延昭、杨文广等为代表，讲述了杨家四代人戍守北疆、精忠报国的动人事迹。

“杨家将”这个包含深刻社会含义和美好情怀的词语之所以百世流芳，是因为凝聚在杨家将英雄传奇故事里面前仆后继、忠心报国的伟大精神，是千百年来中国人面对外族侵扰和西方列强欺凌，反抗侵略、保家卫国、追求和平与美好希望的一种寄托，充满了强烈的爱国主义精神，闪耀着璀璨的理想主义光芒。

如果我们对于“杨家将”所包含的精神文化内涵进行分析，那么，不难看出，“杨家将”的精神文化内涵包含着坚韧不拔、勇敢智慧、无私奉献、勤勉仗义、报效国家等许多中华民族的优秀品质。

毋庸置疑，“杨家将”精神作为一种中华优秀传统文化的传承，早已成为中华民族优秀传统文化的重要组成部分，并且成为中华民族优秀传统文化里面一个永远闪耀着夺目光彩的亮点。

因此，作为中国律师队伍里面的“律师杨家将”，无疑应当把“杨家将”精神文化内涵所包含的坚韧不拔、勇敢智慧、无私奉献、勤勉仗义、报效国家等中华民族的优秀品质在自己从事律师职业的过程之中发扬广大，并以此丰富、弘扬我们的中国律师文化，为推动我国律师事业发展作出创新贡献，为贯彻落实习近平总书记提出的全面依法治国战略决策，实现中华民族伟大复兴的中国梦作出创新贡献。

我们这些中国律师队伍里面的“律师杨家将”，把我们中华杨氏流传下来的祖训“忠、孝、勤、俭”作为为人处世的基本伦理道德，但是，我们中国律师的誓词“我宣誓：我是中华人民共和国律师，忠于宪法，忠于祖国，忠于人民，维护当事人合法权益，维护法律正确实施，维护社会公平正义，恪尽职责，勤勉敬业，为建设社会主义法治国家努力奋斗！”却从来都是我们这些中国律师队伍里面的“律师杨家将”履行律师职业责任，推动我国法治建设，实现律师社会责任和法律使命的价值和理想！

基于此，中华杨氏律师联盟再次组织全国各地十几位优秀的杨氏律师以自己承办或代理的典型成功案例，共同合著了《胜诉有道：杨律师以案释法》的著作，充分展示律师的代理谋略智慧，深刻揭示诉讼案件胜诉维权之道。

中华杨氏律师联盟是我国首个以同姓氏的律师组建的旨在推动律师之间相互合作、相互学习、合作共赢、共同发展的一个业务交流的平台。

中华杨氏律师联盟自 2016 年 7 月成立以来，注册了“杨律师”和“杨氏图腾”的法律服务、会议学习的商标，成功举办了 2017 · 中华杨氏律师论坛、2018 · 中华杨氏律师论坛、2019 · 中华杨氏律师论坛等。2016 年 10 月组织十位优秀的杨氏律师合著出版了首部《杨律师以案释法为你维权》的著作，向全社会展示了我们中国律师队伍中“律师杨家将”无私奉献、勤勉智慧、团结合作、服务社会、报效国家的具有“杨家将”精神的文化特质。

2017 年第 3 期《中国律师》杂志以《律师创新合作　推动法治建设——从〈杨律师以案释法为你维权〉说起》为题，对《杨律师以案释法为你维权》进行了宣传介绍。

2020 年 5 月 29 日下午，习近平总书记在中共中央政治局“切实实施民法典”第二十次集体学习时提出，“要充分发挥律师事务所和律师等法律专业机构、专业人员的作用，帮助群众实现和维护自身合法权益”。

现在，中华杨氏律师联盟第二次组织全国各地优秀的杨氏律师代表共同合著《胜诉有道：杨律师以案释法》的著作，正是以自己的“实干”行为，贯彻落实2014年10月23日中国共产党第十八届中央委员会第四次全体会议通过的《中共中央关于全面推进依法治国若干重大问题的决定》中要“建立法官、检察官、行政执法人员、律师等以案释法制度，加强普法讲师团、普法志愿者队伍建设”的方针政策，实现习近平总书记明确提出的“努力让人民群众在每一个司法案件中都能感受到公平正义”的大政方针，落实习近平总书记提出的“要充分发挥律师事务所和律师等法律专业机构、专业人员的作用，帮助群众实现和维护自身合法权益”的重大举措。

我国古代文人贤达说过：“文以载道，汇则兴邦。”

在我国法律界著名的社会活动家、《民主与法制》周刊总编辑刘桂明先生，人民法院出版社社长助理孙宇先生、中国公证协会副秘书长齐祥春先生，中华全国律师协会秘书长韩秀桃先生，《中国律师》杂志总编辑刘志军先生等领导的指导、鼓励之下，我们来自全国各省市的十几位中国律师队伍里面的“律师杨家将”，同心协力、同心同德完成了第二本杨律师合作的以案释法的著作。在此，我谨代表中华杨氏律师联盟向社会公众推荐这本富有“杨家将”精神文化特色的著作。

杨培国

北京善士律师事务所主任

目　录

第一章

杨律师以案说法:刑事案件

案例 1

辩护人参与排除非法证据的实践

杨永明

一、案情简介

被告人冯××，系G省T市Q区财政局副局长。因涉嫌受贿罪于2011年1月15日被T市Q区检察院电话通知到检察院接受调查。冯××到检察院后（未办理传唤手续），办案人员将其限制在办案区接受调查。从2011年1月15日到17日（侦查机关在立案之前），侦查人员对冯××先后作了6份供述笔录，其中后3份笔录供述他自2010年9月以来，利用主管家电下乡财政补贴发放工作的职务便利，与家电经销商王某合谋，通过帮助收集农户资料给经销商，经销商购买家电下乡商品标示卡的方法，共同骗取家电下乡补贴资金后二人对半分成。最终致使61万余元的家电下乡补贴资金被王某骗取，其间王某送给冯××4.5万元现金及价值4800元的电脑一台。2011年1月18日，Q区检察院以冯××贪污、滥用职权立案，当天决定对其刑事拘留并于18日下午6时送往Q区看守所羁押。在办理羁押手续的过程中，侦查人员在检察院驻看守所检察室抄写了一份冯××在2011年1月17日的供述内容，让其签字。冯××被羁押之后，立即推翻原来的有罪供述，否认其与王某合谋骗取家电下乡补贴资金的事实，辩称其之所以给王某提供过数十份农户资料，是想帮助王某并完成当地财政局的家电下乡补贴任务。辩解其原来的供述是侦查人员不让其休息、不及时给饭吃作出的违心供述。侦查结束后，检察机关以冯××贪污、滥用职权提起公诉。一审法院认定被告人冯××构成贪污、玩忽职守罪，数罪并罚执行有期徒刑十三年。被告人不服，提出上诉，二审法院以事实不清、证据不足发回重审。

在发回重审的一审中，杨永明和尚伦生作为辩护人向法院提出了排除非法证据的书面申请。主要理由是被告人冯××在侦查机关立案之前，侦查机关没有法律根据限制其人身自由，取得的被告人供述属于非法证据，应当予以排除。

辩护人在申请书中详细列举了相关线索或者材料：（1）冯××是2011年1月15日下午3点左右被检察院电话通知到案的，卷中没有传唤的法律手续。即便属于依法传唤，传唤的时间不应当超过12小时，应当于次日凌晨3点左右结束。但冯××从2011年1月15日下午3点左右进入检察院后一直被检察院限制人身自由，直到拘留。侦查机关的做法明显违反刑事诉讼法的规定，属于没有法律根据限制他人人身自由。（2）原一审判决书确认，冯××于"2011年1月15日关押，1月18日拘留"。证实从2011年1月15—18日下午6点左右之前的约70个小时，冯××被变相非法拘禁。原一审判决为了回避侦查机关非法拘禁的事实才使用了非法律术语"关押"。（3）冯××关于和王某共同协商骗取家电下乡补贴的有罪供述，都是在被变相拘禁期间所做的。其中2011年1月17日关于其与王某协商骗取家电下乡补贴的供述内容，被原一审判决作为认定冯××构成贪污罪的定案根据。（4）被告人冯××的"申诉材料"反映，其在被拘留之前，侦查人员没有让其正常休息和饮食，而是轮番审讯。此间的笔录中均没有记录具体的询问时间，不能排除疲劳审讯、饥饿审讯的可能性。（5）被告人冯××的自书材料反映，侦查人员董××、吴××对其进行了威胁、引诱，还编造了其没供述的内容记入笔录之中。

辩护人提出书面申请后，合议庭认为本案存在非法搜集证据的可能性，于是召开庭前会议，听取控辩双方的意见。在庭前会议上，辩护人力陈侦查机关在没有法律根据的情况下，限制人身自由进行取证，属于非法取证。同时存在疲劳审讯、饥饿审讯的可能性，应当启动证据搜集合法性调查。鉴于公诉人不能提供当时的录音、录像，法院决定启动证据搜集合法性调查。

法庭在完成准备程序后，审判长宣布：由于辩护人申请排除非法证据，法庭决定就证据搜集的合法性先行进行调查。经过一天的法庭调查，公诉人出示了搜集证据合法性的证据，辩护人进行了质证、发问和辩护，法庭休庭合议。法庭在第二次开庭时宣布，"公诉机关在本案立案前，将被告人冯××关押四天的事实客观存在，这种限制人身自由的方式明显不符合刑事诉讼法及检察机关办案规则的规定，属于非法关押，且公诉机关不能完整提供在此期间对被告人审讯的同步录音、录像，故在此期间取得的证据属于非法证据。对于被告人冯××在立案之前的供述和立案之后的第一份供述，依法应当排除”。经过实体审理，法院认为，“公诉机关指控冯××与王某共同贪污的重要证据是二被告人在案件初查阶段的供述，而该部分供述已作为非法证据予以排除，故认定冯××与王某共同贪污并分得赃款4.5万元的证据不足”，对于冯××收取的王某所送4.5万元及电脑按照受贿罪定性，同时认定冯××的行为构成玩忽职守罪，判决对被告人冯××数罪并罚执行有期徒刑七年。

二、法庭辩护

当法院决定对搜集证据的合法性进行调查之后，公诉机关非常重视，采取了积极的态度应对法院的调查。一方面，让所有参与案件侦查的侦查人员出具了“依法办案”的说明。另一方面，通知侦查人员出庭“说明情况”。为了证明搜集证据的合法性，公诉人首先向法庭宣读了被告人在立案之前的供述，强调供述笔录中有被告人的签名和手印，强调被告人在签字的时候写了“以上笔录我看过，和我说得一样”，强调被告人是成年人，知道签字的法律后果，等等；其次，公诉人宣读了侦查人员出具并加盖了侦查机关印章的“情况说明”，以证明侦查机关搜集证据的合法性。当辩护人要求公诉人提供并播放同步录音、录像时，公诉人则出具了侦查机关技术部门出具的证明，证明当时侦查机关作了录音、录像，但因为更新设备时没有保存该录音、录像，无法提供。鉴于被告人、辩护人都对于公诉人出示的证据提出了质证、反驳意见，辩护人请求法庭通知侦查人员出庭作证。法院同意辩护人的意见，当庭通知侦查人员出庭“说明情况”。

公诉人对于出庭的四名侦查人员所提出的问题如下：

第一，你们在办理冯××案件中是否依法办案？

第二，你们是否对冯××实施过刑讯逼供？

第三，冯××的笔录上的签字是他个人自愿签的还是你们强迫他签的？

对于如此简单易答的询问，侦查人员都对答如流，几乎不假思索。

在公诉人询问侦查人员后，辩护人对出庭的侦查人员进行交叉询问。

1. 关于侦查机关未立案之前，未办理法律手续，非法限制被告人人身自由的问题，辩护人向侦查人员提出以下问题：

【问题 1】冯××是什么时间到检察院的？是你们传唤、通知的，还是他自己来的？

【答】是我们电话通知他来检察院配合调查的，他接到电话就来了，是 2011 年 1 月 15 日下午上班后来的。

【问题 2】冯××在检察院待了几天？办理什么法律手续没有？

【答】待了四天，因为是配合调查，没有办理什么手续。

【问题 3】既然没有法律手续，凭什么限制冯××的人身自由？

【答】我们这是约谈，不是传唤。

【问题 4】约谈属于法律规则还是“潜规则”？

【答】不能说是“潜规则”，就是约谈。

侦查人员的回答，将侦查机关没有法律根据、没有法律手续限制冯××人身自由的事实完全揭示在法庭上。

2. 关于被告人提出的侦查人员不让其休息的事实，辩护人向四位侦查人员提出的问题是：

【问题 1】被告人冯××从进入办案区到送往看守所羁押之间的四天时间里，离开过办案区没有？

【答】没有离开过办案区。

【问题 2】办案区有没有床铺？

【答】没有。

【问题 3】办案区有没有长沙发？

【答】没有。

【问题 4】既然被告人进入办案区之后没有离开过办案区，办案区没有床，也没有长沙发，这四天当中被告人是如何休息的？

【答】其中两位侦查人员回答他们没有值夜班，不知道被告人是如何休息的。另外两位侦查人员回答，被告人就在办案区休息，并且特别说明“我们不审讯时，他就在椅子上休息”。

【问题 5】人正常的休息应该在床上还是审讯椅上？

【答】正常情况下应该在床上，但办案情况特殊。

侦查人员在法庭上的回答内容，证实了被告人所说的没有得到应有的休息的事实。

3. 法院还排除了立案之后，被告人的第一份有罪供述，这也是法庭调查所查明的事实。对这一问题，辩护人向做笔录的侦查人员提出的问题是：

【问题1】2011年1月18日有一份你们在看守所做的笔录。但我们查看了检察院的提讯证，发现你们第一次提讯冯××是1月22日，为何没有18日的提讯手续却有讯问笔录？

【答】这是当天送到看守所办理羁押手续时在检察院驻所办公室做的笔录。

【问题2】2011年1月18日下午6点在看守所做的笔录内容与17日的一份笔录主要内容完全一致，包括错别字。1月17日的笔录的时间显示，你们做这一份笔录用时2小时15分，为何18日的笔录用时只有25分钟？

【答】因为冯××供述的内容都是一致的，18日的笔录就抄了17日笔录的内容。

正是侦查人员的这一回答，法院才将该供述笔录也作为非法证据予以排除。

三、案例评析

非法证据排除规则是当代法治国家刑事证据法中最重要的一项证据规则。它起源于英国，发达于美国，风行于全球并为联合国刑事司法准则所确认。

非法证据排除规则的价值何在？就在于其是一项典型的程序制裁制度，使非法搜集的证据失去证据效力，体现了程序不正当其结果不予认可的程序法治精神。非法证据排除规则之具体功能主要是能有效防止刑讯逼供等非法取证现象的发生，进而保障案件的实体公正，特别是能最大限度地防止冤案、错案的发生。

《最高人民法院关于适用〈中华人民共和国刑事诉讼法〉的解释》（以下简称《解释》）规定，当事人及其辩护人、诉讼代理人申请人民法院排除以非法方法搜集证据的，应当提供涉嫌非法取证的人员、时间、地点、方式、内容等相关线索或者材料。但实际上，无论是当事人还是辩护人，鉴于非法取证行为都发生在立案前后，处于秘密的状态，当事人多数都处于被羁押或者限制人身自由的状态，很难掌握相关材料。如果只是提供了某人在某时、某地实施了非法取证，则很难说服法官。因此，辩护人提出排除非法证据的申请常常会被法院拒绝。某被告人认为侦查机关审讯四天当中，每顿只给其一个大饼充饥，根本没有进食过蔬菜，导致其消化系统急剧恶化，造成严重肛裂、便秘，在疼痛难忍的情况下作了有罪供述。法院则认为，既然侦查机关给了大饼吃，就不存在饥饿审讯，对其申请不予支持。

除了申请排除非法证据之难外，即便启动了非法证据排除的程序，法院也很难下决心排除非法证据。虽然刑事诉讼法和最高人民法院的《解释》，对于如何认定非法证据、如何排除非法证据都作了具体规定，但在司法实践中，对于什么是非法证据、如何认定非法证据还存在很大的争议。某法院在一起排除非法证据的调查过程中，被告人提出他之所以在“办案区”作有罪供述，是因为侦查机关将其在外地工作的儿子带到L市并关押13天。儿子被关押致使他的心里产生了极大的恐慌和前所未有的压力。他为了不影响儿子的前程，能够让儿子尽快出去并回到工作岗位，违心地作出了有罪供述。法院则认为，被告人之子有义务配合侦查机关的侦查活动，进而肯定了被告人供述的合法性并最终作为定案根据。当然，除了对于证据和证据搜集的合法性认识不同外，排除非法证据之难还在于法官的“不自信”和现阶段法院缺乏审判权威。法官的“不自信”很大程度上是法官存在不廉洁现象造成的。由于一些法官或多或少都有“把柄”在检察院，因此在排除非法证据的问题上法官不愿意为了支持被告人、辩护人的观点，让检察机关盯上自己。法院缺乏审判权威则是以审判为中心的理念还没有树立起来。近几年来，法院只重视与检察机关的“配合”，几乎放弃了制约造成的结果。当然，现在不少法院的院长不是法律专业人士，很难与专业出身的检察长对话，也是一个重要原因。

庆幸的是，冯××贪污、滥用职权一案辩护人申请排除非法证据得到了法院的支持，启动了证据搜集合法性的调查程序。这是宏观层面非常关键的环节。就操作层面而言，辩护人对于侦查人员交叉询问，将侦查机关非法取证的事实呈现在法庭上，对于法官认定非法证据、排除非法证据至关重要。如侦查人员回答辩护人提问的“配合调查，没有办理什么法律手续”，将侦查机关没有法律根据、没有法律手续限制被告人人身自由的事实得以确认；侦查人员肯定了被告人在四天当中“没有离开过办案区”、办案区“没有床，也没有长沙发”等内容，也等于承认被告人冯××在四天当中没有得到正常的休息。所有这些内容都为法庭查明是否存在非法取证的事实奠定了基础。

交叉询问是比较复杂的技术问题，虽有一定的规律可循，但必须结合案件的实际情况，因案而异，切忌用一把尺子既量布料又量土地。司法实践中，即使法院启动了搜集证据合法性的调查程序，许多公诉机关也不愿意让侦查人员出庭“说明情况”。因为侦查人员出庭时，究竟会出现什么样的局面是难以掌控的。在冯××贪污案中，四名侦查人员在回答辩护人提出的办案区是否有长沙发的问题时，三名侦查人员都回答没有，只有一名侦查人员犹犹豫豫地回答：“好像有长沙发吧。”结果引起旁听席上一片哗然。还有一名侦查人员在回答辩护人提出的“1月18日才立案你们为何在1月17日就把冯××当作犯罪嫌疑人审讯并做了笔录”的问题时，侦查人员回答：“那是《立案决定书》上的时间填错了。”由此足见侦查人员出庭其实是一把双刃剑，无论对公诉人还是辩护人都是如此。

案例 2

杨某某涉嫌国有公司、企业人员滥用职权罪

杨永明

一、案情简介

（一）起诉指控

天水市麦积区人民检察院指控称：被告王某某在 2010 年 12 月 1 日正式担任中央储备粮天水直属库主任之前主持直属库行政和党总支全面工作兼管财务、检验工作时，为筹集内退职工安置资金，拟将该库位于天水市麦积区陇昌路东 57 号 10 余亩土地出让。为规避土地出让金，使开发商和企业得到更大利益，王某某于 2010 年 6 月 8 日代表天水直属库与被告人张某某就项目建设事宜签订了《中央储备粮天水直属库生活区二期扩建工程联合建设工程书》，双方商定天水直属库将该建设用地总价按 950 万元折价给张某某挂靠的甘肃省第八建设集团有限责任公司。后由于张某某无资金和房地产开发资质，张某某遂介绍被告人杨某某（天水海天置业有限责任公司法定代表人）于 2011 年 1 月 11 日和天水直属库签订了《合作协议》，明确天水直属库将职工集资楼项目交由海天公司实施，海天公司向天水直属库支付了 950 万元，作为给天水直属库的一次性土地补偿。2012 年 12 月 6 日，双方再次就项目签订了补充协议：由海天公司在原 950 万元土地补偿款基础上再给天水直属库增加土地补偿款 100 万元。根据上述协议，天水直属库最终以 1050 万元的价格，将位于天水市麦积区陇昌路东 57 号的 6910 平方米划拨土地使用权转让给杨某某经营的海天公司。经独立第三方北京国融兴华房地产土地评估有限公司评估，该国有建设用地使用权价值 2814.74 万元。双方转让土地使用权的行为给国家造成经济损失计 2814.74 万元。

公诉机关认为被告人王某某身为依法行使国有资产管理职权的国有公

司工作人员，利用担任中央储备粮天水直属库主任的职务之便，超越职权，违法出让国有土地使用权，致使国家利益遭受重大损失，情节特别严重；被告人张某某在没有资质和资金的情况下，介绍被告人杨某某和王某某认识，被告人杨某某明知以划拨的方式取得的国有土地在未缴纳土地使用权出让金的情况下，向王某某支付一次性土地补偿款后进行房地产开发、销售，致使国家利益遭受重大损失，情节特别严重，其三人行为均已触犯了《中华人民共和国刑法》第三百九十七条之规定，构成滥用职权罪。后公诉机关变更罪名，以被告人王某某、张某某、杨某某构成国有公司、企业人员滥用职权罪变更了起诉罪名。

（二）辩护意见

甘肃纪元律师事务所接受被告人杨某某亲属的委托，并征得杨某某本人的同意，指派杨永明律师担任杨某某涉嫌滥用职权罪一案的辩护人依法出庭进行辩护。杨永明律师从三个方面进行了辩护，认为被告人杨某某既不是国家机关工作人员，也不是受托从事公务的人员，无法构成滥用职权罪的主体，被告人杨某某不具备滥用职权的共同故意，王某某和杨某某均没有逾越职权，违反法律决定、处理其无权决定、处理的事项，或者违反规定处理公务，也没有造成公共财产、国家和人民利益的重大损失。2018年5月2日接到麦积区人民法院通知，审理罪名变更为国有公司、企业、事业单位人员滥用职权、失职罪。对此，辩护人补充如下辩护意见：

第一，被告人杨某某既非国家工作人员，也不属于国有公司、企业、事业单位工作人员，主体上均不符合滥用职权罪，或国有公司、企业、事业单位工作人员滥用职权、失职罪的主体构成要件。

第二，被告人杨某某与王某某之间并无主观上的犯罪意思联络，不符合共同犯罪的构成要件，检察机关指控的罪名和法院审理的罪名均不成立，本人应为无罪。

第三，本案没有造成国家利益损失。

认为被告人杨某某国有公司、企业、事业单位人员滥用职权、失职罪成立。

（三）一审判决结果

天水市麦积区人民法院认为，被告人张某某、杨某某的主体身份不适格，主观上与王某某无共同的犯罪故意，客观上亦未实施滥用职权的行为，故不能与王某某构成共同犯罪。公诉机关关于张某某、杨某某构成滥用职权罪共犯的指控，因无法律依据及事实依据，不能成立，不予支持。辩护人的辩护意见予以采纳。判决被告人杨某某无罪。

（四）麦积区人民检察院提起抗诉

一审判决送达后，天水市麦积区人民检察院不服天水市麦积区人民法院对被告人杨某某的无罪判决，向天水市中级人民法院提起抗诉，由天水市人民检察院出庭支持抗诉。麦积区人民检察院的刑事抗诉认为刑法总则规定："共同犯罪是指二人以上共同故意犯罪。"只要二人以上共同故意犯罪就构成共犯，不要求二人（或者二人以上）均具备相应的身份。刑法总则指导分则，分则具体罪名要符合总则的规定，除非法律另有规定，因此，身份犯与非身份犯共同实施的渎职行为符合共同犯罪条件的，应认定为渎职罪的共犯。天水市麦积区检察院刑事抗诉书在主观方面是这样认为的，王某某、张某某、杨某某三人之间对集资建房项目从立项、土地性质、报批手续的办理及价格均有明确的认识才签订的协议，甚至对采用此种方法规避上缴土地出让金都有清醒的认识仍采用这种方法共同造成国有划拨土地使用权转让，致使国家利益遭受重大损失，已构成犯罪。因此，认为一审判决错误，提起抗诉，要求撤销天水市麦积区人民法院的刑事判决。

二、法庭辩护

甘肃纪元律师事务所接受被告人杨某某的委托，指派杨永明律师继续担任杨某某涉嫌滥用职权罪抗诉一案二审辩护人，依法出庭进行辩护。辩护人认为麦积区人民检察院的刑事抗诉书所列第一点中的三个抗诉理由没有法律和事实依据，均不能成立。

（一）从主体来看，被告人杨某某既不是国有公司、企业人员，无法构成国有公司、企业人员滥用职权罪的主体

国有公司、企业人员滥用职权罪的犯罪主体只能是国有公司、企业人员。被告人杨某某既不是国有公司、企业人员，在中央储备粮天水直属库没有担任任何职务，也未受托在中央储备粮天水直属库从事公务。一审判决认为国有公司、企业人员滥用职权罪是特殊主体，刑法分则没有明确作出非身份犯与身份犯勾结、伙同犯罪的以共犯论处的规定。辩护人认为一

审判决对主体的认定是合法正确的，也是符合刑法罪刑法定原则的。我国刑法第三条规定："法律明文规定为犯罪行为的，依照法律定罪处刑；法律没有明文规定为犯罪行为的，不得定罪处刑。"即犯罪行为的界定、种类、构成条件和刑罚处罚的种类、幅度，均事先由法律加以规定，对于刑法分则没有明文规定为犯罪的行为，不得定罪处罚。麦积区人民检察院的刑事抗诉认为刑法总则规定："共同犯罪是指二人以上共同故意犯罪。"只要二人以上共同故意犯罪就构成共犯，不要求二人（或者二人以上）均具备相应的身份。刑法总则指导分则，分则具体罪名要符合总则的规定，除非法律另有规定。因此，身份犯与非身份犯共同实施的渎职行为符合共同犯罪条件的，应认定为渎职罪的共犯。辩护人认为麦积区人民检察院的这种刑事抗诉理由是错误的，既不符合法律规定，也违反了逻辑常识，不知抗诉书是在谈法律规定和依据，还是在谈主体问题或主观故意问题。这是对刑法罪刑法定原则的否定，也是有罪推定的典型表现。以刑法总则代替具体罪名，是割裂刑法总则与分则的关系的具体体现。刑法总则与分则的关系总体而言是抽象与具体、一般与个别、普通与特殊的关系。刑法总则是关于犯罪、刑事责任和刑罚的一般原理原则的规范体系，这些规范是认定犯罪，确定刑事责任和适用刑罚所必须遵守的共同规则。刑法分则是关于具体犯罪和具体法定刑的规范体系，这些规范明确了对各类、各种具体犯罪定罪量刑的标准。总则指导分则，分则是总则所确定的原理原则的具体体现，二者相辅相成。只有把总则和分则紧密地结合起来才能正确地认定犯罪，确定刑事责任和适用刑罚。因此，麦积区人民检察院的"只要二人以上共同故意犯罪就构成共犯，不要求二人（或者二人以上）均具备相应的身份。刑法总则指导分则，分则具体罪名要符合总则的规定，除非法律另有规定，因此，身份犯与非身份犯共同实施的渎职行为符合共同犯罪条件的，应认定为渎职罪的共犯"这种刑事抗诉理由是站不住脚的，也是不能成立的。

（二）从主观来看被告人杨某某不具备滥用职权的共同故意

麦积区检察院刑事抗诉书在主观方面是这样认为的，王某某、张某某、杨某某三人之间对集资建房项目从立项、土地性质、报批手续的办理及价格均有明确的认识才签订的协议，甚至对采用此种方法规避上缴土地出让金都有清醒的认识仍采用这种方法共同造成国有划拨土地使用权转让，致使国家利益遭受重大损失。不知抗诉书有何证据证实他们之间在主观故意犯罪上明知，本案一审开庭中公诉人所举证据中，没有一份能证明杨某某与王某某有共同犯罪的故意，也没有任何证据能证实杨某某与王某某共谋出让中央储备粮天水直属库国有划拨土地使用权，公诉机关也没有完成指控杨某某与王某某共谋的举证责任，仅仅在起诉书中有这样一句话："杨某某明知以划拨的方式取得的国有土地在未缴纳土地使用权出让金的情况下向王某某支付一次性土地补偿款后进行房地产开发、销售，致使国家利益遭受重大损失"，但却没有任何证据证明杨某某是如何与王某某合谋、串通将国有划拨土地使用权出让。相反，本案大量证据证实杨某某与王某某并没有合谋，而是在中央储备粮天水直属库与甘肃省第八建筑工程公司于2010年6月8日《联合建设合同书》签订后履行过程中无法履行下去，通过其他人介绍找到海天置业公司，主动要求海天置业公司与中央储备粮天水直属库合作建设集资楼的情况下，又与海天置业公司签订的协议，并非王某某与杨某某为了出让国有划拨土地使用权而去签订的协议，而王某某的目的是解决单位内退职工的困难和改善职工的住房条件。根据我国刑法第二十五条规定，共同犯罪要求各行为人在主观上构成共同故意。杨某某和王某某没有主观上的共同故意。

（三）从客观上看，王某某和杨某某均没有逾越职权，违反法律决定，处理其无权决定、处理的事项，或者违反规定处理公务，也没有造成公司破产或者严重损失

刑法第一百六十八条规定的国有公司、企业的工作人员滥用职权罪是指国有公司、企业的工作人员，由于滥用职权，造成国有公司、企业破产或者严重损失，致使国家利益遭受重大损失的。本案中，代建合作部分，王某某并非逾越职权作出决定，而是按照程序提议由领导班子集体讨论，并报上级单位批准后，按照上级批复执行。理由如下：（1）集资建房和代建合作均是由王某某提议，后在库务会上由领导班子集体讨论形成意见，参与人有主任王某某，副主任李某、周某某、罗某某，工会负责人马某某，且全体领导班子成员一致同意集资建房、合作方式和价款（参见2010年6月1日主任办公会议）。（2）王某某曾就集资建房、代建合作事宜召开中层以上会议，进行说明并征求意见，参会人员就此进行了具体的探讨研究，最终同意王某某的提议，包括采取代建方式合作（参见2010年12

月16日会议纪要)。(3) 王某某曾就此召开职工代表大会，予以公示。(4) 天水粮库向原上级主管部门天水市粮食局上报了“天水市第二粮库关于职工全额集资建房的报告”，该局批复同意（参见天市粮发〔2009〕72号文件)。(5) 天水粮库形成集资建房报告（中储粮天水库〔2010〕30号文件）并向中国储备粮管理总公司兰州分公司申报，其作出中储粮〔2010〕223号文件批复同意并注明“集资建房要按照收支平衡、多退少补的原则进行，不得挤占挪用企业资金。收回的土地折价950万元专项用于安置企业内退人员”。(6) 该项目经过了市各职能部门的批准程序。(7) 该项目建成后职工集资住房及棚户区改造房屋都由中央储备粮天水直属库定价，销售也以中央储备粮天水直属库名义进行，海天置业代收房款，从代收的房款中支付建设成本。一审审理中，天水市麦积区检察院唯一一个评估报告要认定造成了国家巨大损失，而没有说造成中央储备粮天水直属库损失。在一审中将本案定性由原来的滥用职权罪变为国有公司、企业人员滥用职权罪，但没有重新提交造成国有公司的损失的相关证据。辩护人认为该报告是一个违法的报告，不能作为造成公司和国家损失的依据来给被告人定罪。辩护人认为，中央储备粮天水直属库不但没有受到损失，反而得到了利益，土地使用权仍然在国有单位，划拨土地没有被出让。

综上所述，辩护人认为，被告人杨某某不构成滥用职权罪，麦积区检察院的抗诉理由不能成立，一审判决宣告杨某某无罪是正确的，请求二审法院维持麦积区法院对杨某某无罪的判决，驳回麦积区人民检察院的抗诉。

二审经过审理，认为天水市麦积区人民检察院的刑事抗诉理由没有事实和证据支持，被告人杨某某主体和主观方面均不构成国有公司、企业的工作人员滥用职权罪，抗诉理由不能成立，律师的辩护意见予以采纳，维持一审判决，驳回天水市麦积区人民检察院的抗诉。

三、律师说法

近年来，本人在办理刑事案件的过程中，没有接到过法院直接以无罪为结果的判决，最多就是检察院撤诉或者免于刑事处分的判决。通过两年半时间办理该案，本人认为律师要办好刑事案件，首先要吃透案情，仔细认真反复地阅卷，熟悉法律规定，从起诉指控的事实和证据认真分析研判，对补充的证据和材料要及时查阅；并分析补充材料对指控的犯罪事实有无影响，及时会见当事人，与当事人进行沟通，核实有关事实，让当事人能够理解律师辩护的思路和观点，有效配合律师出庭辩护。如果起诉指控的罪名发生变化，应及时调整辩护思路，对变化了的罪名进行深刻研究，从立法要义，到法律规定的内容，都要全方位理解和消化，形成完整的辩护观点。对公诉机关所举证据要有针对性地进行质证，对不能成立的证据要在质证中进行有理有据的反驳，并在质证中为自己的辩护观点做好铺垫，让法官能够明确感受律师的观点，动摇法官已形成的不利于当事人的认知，最后让法官充分考虑辩护人的观点并予以采纳。对检察院提起的抗诉要逐条逐句研读，找出抗诉所依据的法律及证据，对照一审判决，厘清二审辩护思路，并有针对性地提出反驳抗诉意见的充分理由，与被告人反复深入沟通，让被告人既不要过分担心抗诉结果，又要集中精力配合律师进行二审辩护，共同商讨辩护策略，使被告人吃透律师的辩护思路和发问意图。由于充分细致的工作，加之被告人默契配合，该案二审取得了满意的结果，维护了被告人的合法权益，得到了当事人的信任。

案例 3

杨×坤等三被告人犯绑架罪（犯罪中止）案

杨树田

一、案情简介

被告人杨×坤，男，汉族，无业，住山东省蓬莱市金水街八弄九号。1999 年 11 月，因犯盗窃罪被蓬莱市人民法院判处有期徒刑三年缓刑三年。

被告人王×顺，男，汉族，无业，住山东省蓬莱市登州街道办事处十里埠村。

被告人李×超，男，汉族，无业，住山东省栖霞市臧家庄镇南尹家村。

2003 年 9 月，被告人杨×坤、王×顺、李×超预谋绑架，并事先在蓬莱市蓬莱阁街道办事处小皂村租赁了一间民房，准备了旅行箱、胶带、弹簧刀等物品。

2003 年 10 月 9 日 6 时许，被告人杨×坤驾驶所借的小面包车与王×顺、李×超一起来到蓬莱市黄金公司家属院谢×家楼道处，将正要出门上班的谢×截住，采取暴力手段将谢×掳至所租房屋内。此后杨×坤使用谢×的手机给谢×父亲谢×权打电话，索要现金 100 万元，后改为 50 万元。在取钱的过程中，被告人杨×坤怀疑被害人谢×的亲属已报警，遂放弃取钱驾车冲出了警方设置的包围圈和拦截点。

当日 19 时许，被告人杨×坤给王×顺、李×超打电话，让他们二人把谢×放掉快跑。被告人王×顺、李×超遂将被害人谢×放到街面上后，在逃跑途中被警方抓获。

当日 24 时许，被告人杨×坤向蓬莱市公安局投案自首。

2003 年 10 月 10 日，杨×坤、王×顺、李×超因涉嫌绑架犯罪被蓬莱市公安局刑事拘留。同年 10 月 23 日，因涉嫌绑架犯罪被蓬莱市人民检察院批准逮捕。

2003 年 12 月 23 日，蓬莱市人民检察院以蓬检刑诉〔2003〕258 号起诉书指控被告人王 × 顺、李 × 超、杨 × 坤犯绑架罪向蓬莱市人民法院提起公诉。其间，公诉机关曾申请延期审理一次。

蓬莱市人民检察院以蓬检诉〔2003〕258 号起诉书，指控被告人王 × 顺、李 × 超、杨 × 坤犯绑架罪于 2003 年 12 月 23 日向蓬莱市人民法院提起公诉。

检察机关认为，三被告人的行为触犯了《中华人民共和国刑法》第二百三十九条之规定，构成绑架罪，同时三被告人系犯罪中止，被告人杨 × 坤具有自首情节，请求法院依法惩处。

二、法庭辩护

本人作为被告人杨 × 坤的一审辩护人，提出以下辩护意见：

1. 被告人杨 × 坤在本案中系犯罪中止。杨 × 坤自动放弃犯罪，有效地防止了犯罪实害结果的发生系犯罪中止。依据《中华人民共和国刑法》第二十四条第二款之规定，对于中止犯，没有造成损害的，应当免除处罚，造成损害的，应当减轻处罚。请求依法对被告人杨 × 坤减轻处罚，在法定刑以下量刑。

2. 被告人杨 × 坤在本案中具有自首情节。检察机关在起诉书中已经认定杨 × 坤具有自首情节，依据《中华人民共和国刑法》第六十七条之规定，对于自首的犯罪分子，可以从轻或者减轻处罚。请求依法对被告人杨 × 坤减轻处罚。

三、法庭裁决

2004 年 2 月 19 日，蓬莱市人民法院作出〔2004〕蓬刑初字第 11 号刑事判决书，该判决书认定，被告人王 × 顺、李 × 超、杨 × 坤以勒索财物为目的绑架他人，其行为已分别构成绑架罪，公诉机关指控的事实和罪名成立，本院予以确认。三被告人在犯罪过程中自动放弃犯罪，犯罪中止，鉴于本案未造成严重后果，但性质恶劣。另外，被告人杨 × 坤具有自首情节，故根据本案具体的事实和情节，对三被告人均减轻处罚。对三被告人的辩护人的辩护意见，予以采纳。依照《中华人民共和国刑法》第二百三十九条第一款、第二十五条第一款、第二十四条、第六十七条第一款、第六十四条之规定判决如下：

1. 被告人王×顺犯绑架罪，判处有期徒刑三年，并处罚金3000元。被告人李×超犯绑架罪，判处有期徒刑三年，并处罚金3000元。被告人杨×坤犯绑架罪，判处有期徒刑二年零六个月，并处罚金3000元。

2. 作案工具弹簧刀一把，予以没收。

四、律师说法

本人在审查起诉阶段接受指派担任被告人杨×坤的辩护人，通过阅卷和会见及对案情的深入调查了解，厘清了辩护思路，确定了辩护方向。

本案发生在素有“人间仙境”之称的山东省蓬莱市，案发地位于蓬莱市中心区域黄金公司家属院门口。蓬莱市属于山东省烟台市所辖的一个县级市，距烟台市区70多公里，物产丰富、民风淳朴，社会治安状况较好。烟台市曾获得全国社会治安综合治理先进城市五连冠，重大恶性刑事案件发案率较低。本案被告人杨×坤、王×顺、李×超都年仅22岁，被害人谢×系蓬莱市金创公司职工，也只有22岁。被害人谢×平时驾驶着一辆大众高尔夫小客车上下班（其父谢×权系蓬莱市黄金公司经理），看着比较有钱，杨×坤和王×顺在2003年9月预谋绑架人质想弄点钱花，便盯上了谢×。

案发后，谢×父亲谢×权虽经犹豫，但毅然决定报案。蓬莱市公安局接到报案后，感到案情重大，遂立即向烟台市公安局报告，烟台市公安局立即决定由局长亲自带领刑警、特警、武警200多人急驰蓬莱市，指挥侦破此案。

当日上午8时许，警方开始在蓬莱市市区范围内设置了多层包围圈和拦截点，对进出车辆和行人进行严格检查，实行布控和交通管制，同时立即组织警力通过现场勘察、摸排走访，展开地毯式搜捕行动。10月9日正值十一黄金周刚过，当日案发时又恰逢市民出行上班的高峰，在一片祥和的节日气氛后，突发如此重大恶性刑事绑架案件，在当地引起了极大的轰动。

谢×权报警后，按照警方安排一直与杨×坤保持通话联系，意在稳住杨×坤，给警方侦破和抓捕提供时间创造机会，杨×坤在与谢×权通话索要100万元的过程中，短时间内多次通话告诉谢×权，谢×在其手中，如果不给钱其生命可能会有危险。谢×权几次推托说没有那么多钱，后谢×权答应给50万元，杨×坤便让谢×权把钱准备好，按照其指定的地点乘出租车去交钱。

当日上午9时许，杨×坤让谢×权打一辆出租车前往蓬莱市蓬莱阁街道办事处辖区内的一个联通大广告牌下交钱。半个多小时后，谢×权乘一辆由便衣警察开的出租车来到了杨×坤指定的广告牌下，这时杨×坤已经开着一辆卸去了前后牌照的夏利车停在距离广告牌50多米处等候。此时谢×权在明处，杨×坤在暗处，杨×坤使用被害人谢×的手机与谢×权通话，让谢×权按照其指定的路线走，杨×坤驾车跟在谢×权的车后，指挥着谢×权乘坐的出租车在附近街道上转了两圈，实际上是观察附近有没有警察和警车。当谢×权乘坐的出租车开到蓬莱阁街道办事处八仙渡海雕塑处时，杨×坤让谢×权立即停车，把钱放到地上然后离开，这时谢×权的车停下了但没有往地上放钱，杨×坤看到谢×权没有往地上放钱，怀疑谢×权可能已经报警，便立即驾车逃跑。杨×坤利用其对蓬莱市城区街道地形熟悉，驾车穿街过巷，躲过了警方设置的拦截点并冲出了警方设置的多层包围圈，跑到了距蓬莱市区南50多公里外的潮水镇一处乡间小路上躲藏了起来。至当日24时，杨×坤关闭了自己实名制的手机，使用一个没有实名登记的手机卡与王×顺、李×超进行联系，让他们二人在租用的小皂村房屋内看着谢×（小皂村就在警方设置的包围圈和拦截点范围内）。当日下午3时许，杨×坤打电话让王×顺骑着摩托车去街面上察看警方的动静，准备伺机放人后逃跑。当日19时许，杨×坤看天色已黑，给王×顺和李×超打电话，让他们二人把被害人谢×放掉快跑。王×顺、李×超二人遂驾驶摩托车把谢×驮到街面上放了，在骑车逃跑途中被警方抓获。当日24时许，杨×坤得知其父母已被警方控制，迫于压力给蓬莱市公安局110打电话投案自首。

蓬莱市公安局向蓬莱市人民检察院移送起诉时，移送起诉意见书是以杨×坤、王×顺、李×超犯绑架罪（既遂）移送起诉的。我国刑法第二百三十九条对绑架罪规定了极为严厉的法定刑，构成绑架罪的起刑点为十年有期徒刑，如果检察机关按照绑架罪（既遂）对杨×坤等三人提起公诉，杨×坤等三人最低也要被判处十年以上有期徒刑。

本人详细了解掌握上述案情后，特别是被告人杨×坤在案发当日19时许打电话让王×顺和李×超释放人质谢×，有效地防止了绑架犯罪实害结果的发生这一事实情节，认为被告人杨×坤这一行为系犯罪中止。根据刑法理论和司法实践，被告人杨×坤的这一犯罪中止行为，属于特殊的犯罪中止。

为使检察机关采纳本人的辩护意见，本人多次与承办检察官进行沟通、探讨，向承办检察官提出杨×坤属于特殊的犯罪中止的事实和法律依据及相关的刑法理论和案例，递交了杨×坤在本案中属于犯罪中止的法律意见书，并提出请求向蓬莱市公安局调取杨×坤在案发当日19时许与王×顺、李×超的通话记录，作为认定杨×坤犯罪中止的证据（案发当日蓬莱市公安局已经对杨×坤的电话通话进行了监听）。

经过本人的不懈努力，蓬莱市人民检察院采纳了本人的辩护意见，在蓬检刑诉〔2003〕258号起诉书中对被告人杨×坤作出犯罪中止和具有自首情节的认定。

最终蓬莱市人民法院经审理采纳了本人关于被告人杨×坤犯绑架罪犯罪中止且具有自首情节的辩护意见，作出被告人杨×坤犯绑架罪判处有期徒刑二年零六个月，王×顺、李×超犯绑架罪各判处有期徒刑三年的判决结果。

在本案中被告人杨×坤被认定系犯罪中止对其减轻处罚起到了至关重要的作用。

依据刑法第二十四条规定，在犯罪过程中自动放弃犯罪或者自动有效地防止犯罪结果发生的，是犯罪中止，对于中止犯，没有造成损害的，应当免除处罚，造成损害的，应当减轻处罚。

上述法律规定对于犯罪中止的处罚较轻，其立法目的就是鼓励犯罪人犯罪中止。为了鼓励犯罪人中止犯罪行为或者避免犯罪结果发生从而对其进行刑罚上的减免，其目的就是要避免犯罪实害结果的最终发生。

在本案中，被告人杨×坤在当日19时许，通过电话让王×顺、李×超二人释放人质谢×的行为，有效地防止了本案绑架犯罪实害结果的发生，符合我国刑法关于犯罪中止的法定情形，属于特殊的犯罪中止。被告人杨×坤具有犯罪中止和自首两个法定减轻处罚的量刑情节，因此被依法判处有期徒刑两年零六个月，其刑期比王×顺、李×超分别各判有期徒刑三年还轻。

本案判决后检察机关未抗诉，被告人杨×坤、王×顺、李×超三人均未上诉。

通过本案的辩护，本人感到在为被告人提供刑事辩护法律服务时，在侦查、审查起诉和审理三阶段，律师介入的时间越早，取得的辩护效果会越好。

在履行辩护职责的过程中，与公安机关、检察机关、人民法院多沟通、多交流、多探讨，比“死磕”的效果要好。

对于公、检、法三权力机关来说，律师在刑事辩护中的地位始终相对是弱势的，尽量避免发生对抗和直接冲突，会取得更好的辩护结果。

案例4

常×国等三人犯故意伤害罪（致死）案

杨树田

一、案情简介

被告人常×国，男，系山东省栖霞市桃村镇国路夼村村委副主任。

被告人常×忠，男，系山东省栖霞市桃村镇国路夼村治安员。

被告人常×松，男，系山东省栖霞市桃村镇国路夼村治安员。

2008年6月25日11时许，暂住山东省栖霞市桃村镇国路夼村的山东省烟台市福山区门楼镇西周各庄村的邱元祥酒后在该村街上乱折用于绿化的银杏树，并在大街上骂任该村村委副主任的被告人常×国，被该村管绿化的常建言发现。常建言上前制止，邱元祥持石块追打常建言，常建言打电话告诉了常×国。常×国遂到邱元祥的女婿常建东家找到邱元祥，让其离开该村。

当日13时许，常×国想找邱元祥调查了解其在该村所做的坏事，便找来本村治安员常×忠、常×松，让他们二人去找邱元祥。后听说邱元祥已经带着铺盖卷走了，常×国又叫他们二人开三轮车去追赶邱元祥，常×忠、常×松二人开着三轮车在桃村镇后家村与徐家村之间的河桥处追上了邱元祥，二人用三轮车强行将邱元祥带回本村。邱元祥被带到村治安办公室后，常×国要求邱元祥写近几年在国路夼村所做的坏事，并写保证书，遭到邱元祥的拒绝，三被告人遂对邱元祥进行拳打脚踢，并用橡胶棒打其背部和后臀部等处。当日14时许，常×国离开村治安办公室回家，让常×忠与常×松在村治安办公室轮流看着邱元祥让其写检查，后二人分别离开了村治安办公室。当日18时许，邱元祥被人发现已死亡。常×国得知情况后，主动到栖霞市公安局桃村派出所投案，常×忠、常×松二人于当日被传唤到案。

2008年7月26日，常×国、常×忠、常×松因涉嫌故意伤害罪被栖霞市公安局刑事拘留。同年7月25日，因涉嫌故意伤害罪被栖霞市人民检察院批准逮捕。

2008年8月21日，栖霞市公安局将本案移送栖霞市人民检察院审查起诉。其间，因案情重大复杂，栖霞市人民检察院于2008年9月21日决定延长审查起诉期限半个月，因事实不清、证据不足，于2008年10月6日决定退回栖霞市公安局补充侦查。

2008年11月3日，栖霞市人民检察院栖检刑诉〔2008〕254号起诉书以被告人常×国、常×松、常×忠犯故意伤害罪向栖霞市人民法院提起公诉。

栖霞市人民检察院起诉书和公诉意见为：被告人常×国、常×忠，常×松共同故意伤害他人，致人死亡，其行为触犯了《中华人民共和国刑法》第二百三十四条第二款之规定，犯罪事实清楚，证据确实、充分，应当以故意伤害罪（致死）追究其刑事责任。依据故意伤害罪的有关条款处十年以上有期徒刑，但常×国主动投案自首，常×忠、常×松在犯罪中起次要作用是从犯，三被告人在归案后认罪态度较好，如实供述犯罪事实，有法定或酌定从轻处罚情节，请求依法判处。

二、法庭辩护

本人作为本案第一被告人常×国的辩护人提出辩护意见为：

1. 常×国在案发后主动到公安机关投案自首，归案后能如实供述犯罪事实，系自首。根据《中华人民共和国刑法》第六十七条第一款之规定，请求对被告人常×国减轻处罚，在法定刑以下量刑。

2. 被害人邱元祥在本案中存在一定过错。被害人邱元祥系国路夼村暂住人员，在其死亡前的一段时间里，经常破坏、毁坏国路夼村的公共设施、树木，此次案发也是因为其毁坏村里树木，不听管理人员制止并追打绿化管理员常建言所引起，邱元祥在本案中存在一定过错。邱元祥的女儿邱萍萍在写给栖霞市人民检察院的信中称，邱元祥在国路夼村经常酒后滋事。因此，根据“过错相抵”的原则，请求作为量刑情节在对被告人常×国量刑时酌情从轻处罚。

3. 被害人邱元祥生前患有严重的心脏疾病。烟台市公安局对邱元祥进行尸体检验的法医鉴定结论为：死者邱元祥系生前心脏有明显病变的基础上因外伤作用促发心脏疾患死亡。因此，被害人邱元祥的死亡与其本身的体质有一定的关系，三被告人对被害人邱元祥的殴打行为是邱元祥死亡的诱因，被告人常×国等三人不应对被害人邱元祥的死亡结果承担全部责任。根据该法医鉴定结论，应当认定被告人常×国等三人犯罪情节较轻，具有减轻处罚情节，请求减轻处罚。

4. 关于民事赔偿问题。被告人常×国积极赔偿被害人近亲属的经济损失，已与被害人邱元祥的唯一近亲属其女儿邱萍萍达成和解协议，一次性赔偿185000元，并已全部给付，取得了邱萍萍谅解，邱萍萍请求不追究三被告人的刑事责任。因此，请求对被告人常×国减轻处罚。

5. 被告人常×国系国路夼村村委副主任，主管村里社会治安工作，遇到村里绿化管理员汇报邱元祥毁坏村里树木并被邱元祥追打，常×国在履行管理职责过程中，在邱元祥拒绝承认所做坏事和拒绝书写保证书的情况下，采取过激行为对其实施殴打，致被害人邱云祥心脏病发作诱发其死亡，其主观恶性小，社会危害性小，且系初犯、认罪态度好，有悔罪表现，请求从轻处罚。

综上，被告人常×国具有多个减轻和从轻、酌情从轻处罚情节，请求对被告人常×国减轻处罚，在法定刑以下量刑，对其判处有期徒刑，宣告缓刑。

三、法院裁决

栖霞市人民法院于2008年12月7日作出〔2008〕栖刑初字第272号刑事判决书，判决认定，被告人常×国伙同常×松、常×忠故意伤害他人身体，致一人死亡，其行为构成故意伤害罪，应予处罚。公诉机关指控的犯罪成立。被告人常×国系本村村委副主任，其伙同本村治安员常×忠、常×松实施犯罪从作案的过程及三被告人的地位上，常×国起主要作用，系主犯，常×忠、常×松起次要作用，系从犯。被告人常×国于案发后能主动投案，归案后能如实供述其犯罪事实，系自首。本案被害人邱元祥在本案发生前折该村的绿化银杏树，被管理人员发现后与管理人员发生争执，被害人对本案的发生有一定的过错。被害人的死亡原因经法医鉴定系生前心脏有明显病变的基础上因外伤作用促发心脏疾患死亡，其死亡与其本身的体质有一定的关系，三被告人殴打行为引发了被害人死亡。案发后三被告人积极赔偿了被害人近亲属的经济损失，取得被害人近亲属谅解，有悔罪表现。鉴于以上法定减轻处罚和酌定从轻处罚的情节，决定对三被告人均减轻处罚。辩护人请求对被告人常×国减轻处罚的意见，予以采纳。依照《中华人民共和国刑法》第二百三十四条第二款、第二十五条第一款、第二十六条第一款、第二十七条、第六十七条第一款、第七十二条第一款、第七十三条第二、三款之规定判决如下：1. 被告人常×国犯故意伤害罪（致死）判处有期徒刑三年，缓刑五年。2. 被告人常×松犯故意伤害罪（致死）判处有期徒刑三年，缓刑四年。3. 被告人常×忠犯故意伤害罪（致死）判处有期徒刑三年，缓刑四年。本案判决后三被告人均服判未上诉，栖霞市人民检察院未抗诉。

四、律师说法

就本案而言，看似一个非常明显的故意伤害（致死）案，被告人常×国等三人触犯《中华人民共和国刑法》第二百三十四条第二款之规定，法定刑为十年以上有期徒刑、无期徒刑或死刑。本案中致一人死亡，起刑点为十年有期徒刑。

本人在审查起诉阶段接受指派担任常×国的辩护人后，深入调查了解案情，结合案情反复对照法律规定和司法解释量刑标准，寻找对犯罪嫌疑人常×国从轻、减轻处罚的事实、情节和证据及法律依据，厘清了辩护思路，确定了辩护方向。通过阅卷和会见犯罪嫌疑人常×国及多次到案发地国路夼村调查走访，对案件事实及情节进行了认真的分析研究，得知犯罪嫌疑人常×国有主动投案自首情节。同时通过咨询和多年办理故意伤害案件的经验，发现三犯罪嫌疑人的殴打行为的力度和所造成的外伤情况不致直接造成被害人邱元祥死亡的结果，并了解得知邱元祥生前曾患有严重的心脏病，遂对本案侦查中确定被害人邱元祥死亡原因这一至关重要的《法医学尸体检验鉴定书》中的鉴定结论存有高度疑问，经与检察机关反复沟通，提出对邱元祥的死因进行重新鉴定。经过重新鉴定，烟台市公安局公烟尸检（法）字〔2008〕35 号《法医学尸体检验鉴定书》认定，死者邱元祥系生前心脏有明显病变的基础上因外伤作用促发心脏疾患死亡。

上述自首情节和鉴定结论，对被告人常×国的减轻处罚起到了至关重要的作用。

另外，根据司法实践和各级法院生效判例，在办理故意伤害（致死）刑事案件过程中，被告人积极赔偿被害人损失与被害人近亲属达成谅解协议，也是法院对被告人量刑时起一定作用的重要量刑情节。因此，本人作为辩护人多次向被告人常×国及近亲属宣讲法律规定和司法判例，积极促成了被告人常×国与被害人近亲属达成和解协议，一次性赔偿被害人邱元祥的女儿邱萍萍损失185000元，并一次性全部给付，取得了被害人近亲属的谅解，减轻了法院依法对被告人常×国等三人减轻处罚，判处有期徒刑，宣告缓刑的压力。三被告人均被栖霞市人民法院判处有期徒刑，宣告缓刑，栖霞市人民检察院未抗诉，被告人常×国等三人非常满意，均服判未上诉，取得了较好的辩护效果。

本案的判决结果既彰显了社会正义，又达到了惩罚犯罪，教育与惩罚相结合的目的，达到了法律效果和社会效果的统一。

通过本案成功的辩护，本人深刻地体会到作为负有维护社会公平正义、维护法律正确实施职责的刑事辩护律师，不但要有娴熟的法律基础知识和丰富的办案经验，更要有一个对当事人认真负责的态度和尽职尽责的精神。作为案件辩护人，必当兢兢业业、不辱使命、恪尽职守，在我国社会主义法治建设进程中尽到应尽的责任。

案例 5

周某涉嫌合同诈骗罪改判伪造印章罪

杨云亮

一、案情简介

河南中通实业股份有限公司（以下简称河南中通公司）是位于河南郑州的一家主营劳务咨询、培训的民营企业，主要以出国劳务的咨询和培训业务为主。周某在 2015 年初经朋友介绍，与河南中通公司的一位河南籍的业务代理房 × 星相识。在房 × 星的介绍和推荐下，周某顺利地拿到了河南中通公司在陕西西安的业务代理权，主要负责在陕西省西安市为河南中通公司招揽出国劳务人员。

周某拿到河南中通公司在陕西省西安市的业务代理权后，很快在西安市某区租赁了一间房屋作为办公、营业场所，在 58 同城等招聘网站发布招聘信息，制作河南中通公司西安办事处铜牌悬挂于办公场所，并且还刻制了河南中通公司西安办事处印章用于在开具劳务咨询介绍费的收款收据时加盖。

周某与河南中通公司的合作方式和主要分工为，周某负责为陕西地区招聘的出国务工的务工人员登记报名，收取报名费用。缴纳费用的务工人员由周某安排送至河南中通公司，由河南中通公司负责对缴纳费用的务工人员进行培训和考核。对经培训考核合格的劳务人员再由周某负责办理健康证、疫苗证和护照等出国手续。出国手续办理完毕以后，由河南中通公司负责安排出国务工。

周某收取每位报名的务工人员 8000 元—1 万元不等的费用，自己留存每人 1000 元—2000 元的费用后，将剩余款项转给了中间人房 × 星，由房 × 星从中提取一部分介绍费后，剩余费用再由房 × 星转交河南中通公司。

2016 年中旬，因受国际环境的影响，河南中通公司输送出国劳务的周期拉长，致使很多已缴纳费用并且考核合格的劳务人员等待较久，不能按约出国。部分劳务人员要求周某退款，情绪激动，并闯入周某办公场所闹事，导致周某无法正常开展业务，于是周某决定临时歇业关门，只身一人前往郑州找房×星协调向劳务人员退款一事。就在同时，陕西西安的劳务人员一方面通过媒体报道周某涉嫌诈骗钱财、关门跑路，另一方面向当地公安部门报案。就在周某到达郑州后不久，在其入住的酒店附近被郑州当地公安机关控制，周某与出国务工人员的纠纷由此进入刑事侦查程序。截至案发，周某共收取务工报名费用99余万元。

二、公诉意见

公诉机关认为，自2015年7月，被告人周某租赁西安市区某小区房屋一间，在未取得授权的情况下，私刻印章以河南中通公司西安办事处名义对外进行招工和劳务输出业务。被害人陈某等72人先后到周某成立的办事处应聘，每人缴纳8000元—1万不等的费用，共计99余万元。其间周某向部分工人退款89000元，2016年6月周某逃匿。

被告人周某以非法占有为目的，冒用公司名义以办理劳务输出为由，收取72人共计人民币90余万元后逃匿，数额特别巨大，其行为已触犯《中华人民共和国刑法》第二百二十四条第（一）项、第（四）项之规定，犯罪事实清楚，证据确实、充分，应当以合同诈骗罪追究其刑事责任。

本案争议焦点为：被告人周某是否构成合同诈骗罪，即被告人周某是否有虚构事实、隐瞒真相骗取他人财物的行为，以及是否有以非法占有为目的的主观故意。

三、法庭辩护

被告人周某依法不构成合同诈骗罪。

（一）被告人周某与河南中通公司之间系委托代理合同关系，被告人周某未冒用河南中通公司的名义从事招工和劳务输出业务

2015年7月8日，被告人周某与河南中通公司签订《河南中通公司2015年劳务合作协议》（2015第0199号），该合作协议明确约定，双方就合作招聘劳务人员事宜达成本协议，并且河南中通公司向被告人周某出具

有《委托书》一份，受托事项中明确约定，受托人周某在授权区域内，以委托人河南中通公司的名义招收劳务人员（卷四 001—007 页）。虽然侦查机关在本案审理期间前往河南中通公司调查核实该份合作协议时，河南中通公司对该份协议真实性予以否认。但在辩护人申请对其合作协议上加盖的河南中通公司印章进行鉴定时，公诉机关却对其印章不予鉴定。据此，辩护人认为法庭应当对《河南中通公司 2015 年劳务合作协议》的真实性予以确认，并作出有利于被告人的认定。

从上述协议的约定可以看出，被告人周某与河南中通公司之间系民事委托关系，不存在冒用河南中通公司名义进行招工和劳务输出业务的情况。

（二）合同诈骗罪的客观方面表现为在签订、履行合同过程中，骗取他人财物，数额较大的行为。在本案中，被告人周某没有虚构事实或隐瞒真相等欺骗他人的行为

首先，从报案人的报案材料、报案笔录以及周某租赁房屋的房主文某的询问笔录均可以证实被告人周某对外一直是以招揽出国务工人员的名义开展业务。

其次，报案人雷某（卷三 02—04）、王某（卷三 10—12）、王某（卷三 17—19）、杨某（卷三 45—47）、程某（卷三 57—59）、李某（卷三 68—70）、何某（卷三 88—90）、贺某（卷三 98—100）、程某卷三 102—104）、马某（卷五 22—25）、刘某（卷五 33—35）、杜某（卷五 45—47）、高某（卷五 80—82）、庞某（卷五 102—104）、张某（卷五 110—112）、张某（卷五 116—118）十六人在各自的《报案笔录》中均陈述："我知道河南中通公司培训基地，因为我去河南中通公司培训过"。报案人员某在其报案材料（卷七第 23 页）中陈述："已在河南中通公司培训且至今未出国劳务。"报案人白某在其报案材料（卷七第 26 页）中陈述："2015 年 10 月份，我在河南中通公司进行为期三天的培训，至今没有出国劳务……"，由此可见，报案人确实去河南中通公司参加过出国务工培训，被告人周某与河南中通公司之间有办理出国劳务业务上的合作关系。

最后，从《2016 年出境工人明细》（卷四 103）可以看出被告人周某对外招揽的务工人员确有从河南中通公司成功办理出国的人员，周某确实是在与河南中通公司合作办理劳务人员出国务工事宜；再加之卷四第 15 页

至第102页都是周某招揽的出国务工人员签署的《求职委托办理协议》或《考培申请书》，在前述签署的协议中均明确约定劳务人员是自愿申请参加河南中通公司的出国务工培训考试的，因此劳务人员参加出国务工的事实与被告人对外宣传招揽出国务工人员的事实均是一致的。

因此，辩护人认为从被害人的供述可以看出，被告人周某在办理招聘出国务工人员的过程中没有虚构事实或隐瞒真相等欺骗他人的行为。如果公诉人认为周某存在欺骗务工人员的行为，那么河南中通公司的相关人员应是其同案犯，理应以涉嫌合同诈骗罪共同处理。但公诉人却放纵、无视河南中通公司的相关人员的犯罪行为只认定周某涉嫌犯罪，属于渎职行为。

（三）从收取费用的流向或用途来看，周某对收取的务工人员的费用没有非法占有的目的

首先，卷四第95页、第97页、第99页、第101页、第123页至第137页、第139页至第144页，是截至2016年6月2日前，周某向未能成功办理出国劳务人员通过银行转账和现金方式退还费用的转账凭据和现金收条。周某本人是在2016年8月16日被河南警方抓获的。由此可见，周某在被侦查机关列为网逃并抓获之前，一直是积极主动向未能成功办理出国的劳务人员进行退费的。

其次，周某收取务工人员费用后，给自己留1000元—2000元不等的报名费以后，剩余的钱全部转给了其与河南中通公司的中间人房×星，有《兰某农行账户明细》（卷二75）和《银行转账凭证》（卷四104—122）予以证明。可以看出，周某将收取的费用一部分通过中间人房×星转交河南中通公司，一部分自己留存，对未成功办理出国务工人员也逐步进行退款，只是周某退款的进程受制于河南中通公司退款的进程，部分劳务人员未能及时予以退款，并不是被告人周某要非法占为己有，所以被告人周某不具有非法占有的目的。

（四）被告人周某主观上没有逃匿的意识，客观上不存在逃匿的行为

郑州市侦查机关刑事侦查卷宗的第二卷第3页郑州市公安局某分局的《到案经过》中记载：2016年8月15日晚上11时许，有一名网上逃犯在郑州市某酒店附近。到案过程中，周某始终予以配合，没有拒绝、阻碍、抗拒、逃跑行为。以及在《讯问笔录》（卷二9—11）中，警官问周某：

“你知道为什么将你带至公安机关吗？”周某回答：“不知道。”警官又问周某：“你来郑州干什么？”周某回答：“我来郑州谈点生意。”再问周某：“你为什么会被郑州市公安局某分局上报为网上逃犯？”周某回答：“不知道。”

从以上资料内容可以看出，周某是在使用自己的身份证登记入住的情况下，被侦查机关发现并被抓获的。周某当时不知道自己涉嫌刑事犯罪并被列为网上逃犯，所以其没有逃匿的主观意识，也就不可能有逃匿的行为。

综上，周某以河南中通公司名义对外招工是在被授权前提下进行的，周某没有欺骗劳务人员、没有非法占有劳务人员财产和逃匿等非法行为。周某与劳务人员之间系民事合同关系，双方之间的纠纷应由民事法律关系进行调整。公诉机关认为周某已触犯我国刑法第二百二十四条第（一）项、第（四）项之规定，证据不充分。故此，周某依法不构成合同诈骗罪。

四、法院裁决

审判机关裁判认为，被告人周某为招收出国劳务人员，收取中介费，私刻河南中通公司的印章，其行为已触犯《中华人民共和国刑法》第二百八十条第二款之规定，构成伪造公司印章罪。公诉机关指控周某犯合同诈骗罪事实不清，证据不具有唯一性、排他性，不能证明被告人周某非法占有72人90余万元的事实。被告人及辩护人关于其不构成合同诈骗罪的辩护意见理由成立，予以采纳。被告人对于伪造公司印章的行为供认不讳，认罪态度好，依法对其从轻处罚。依照《中华人民共和国刑法》第二百八十条第二款、第六十七条第三款、第五十二条及第五十三条之规定，判决被告人周某犯伪造公司印章罪，判处有期徒刑二年零六个月，并处罚金5000元。

五、案例评析

合同诈骗罪，是指以非法占有为目的，在签订、履行合同过程中，骗取对方当事人财物，数额较大的行为。本罪在主观方面表现为行为人具有非法占有他人财物的故意，客观方面则表现为在签订、履行合同过程中有虚构事实或隐瞒真相等骗取他人较大财物行为，本罪侵犯的客体是经济合同管理秩序和公私财物的所有权。一般而言包括以下五种情形：

其一，以虚构的单位或者冒用他人名义签订合同的；

其二，以伪造、变造、作废的票据或者其他虚假的产权证明作为担保的；

其三，没有实际履行能力，以先履行小额合同或者部分履行合同的方法，诱骗对方当事人继续签订和履行合同的；

其四，收受对方当事人给付的货物、货款、预付款或者担保财产逃匿的；

其五，以其他方法骗取对方当事人财物的。

因此，要构成合同诈骗罪，必须符合行为人有非法占有的目的、有虚构事实或隐瞒真相等骗取他人财物的行为，以及受害人基于错误认识而向行为人给付财物，行为人收到受害人给付的财物致使受害人受损的后果。

本案中，被告人周某在陕西省西安市以河南中通公司名义对外招揽务工人员系受河南中通公司的委托，并非其冒用河南中通公司名义。被告人周某招揽务工人员后把务工人员分批送往河南中通公司进行培训和考核，更加说明被告人周某没有虚构事实或隐瞒真相等欺骗劳务人员的行为。在收取务工人员的报名费后，被告人周某除自己留存1000元—2000元不等的费用外，其余大部分费用全部交给中间人房×星，由房×星再转交河南中通公司。若被告人周某具有非法占有之目的，又怎会将大部分费用通过中间人转交河南中通公司？因此，公诉机关认定被告人周某构成合同诈骗罪的证据不确实、不充分，不能证明被告人周某有合同诈骗的行为。

被告人周某在未经河南中通公司授权允许的情况下，私自刻制了河南中通公司西安办事处印章，用于向务工人员报名费的收款收据上加盖。关于该情节和事实被告人周某向法庭供认不讳，因此最终审判机关直接改判被告人周某犯伪造印章罪。

六、律师说法

本案的案发以及刑事责任的承担主要是因为被告人周某在参与市场经济活动中缺乏风险意识和法治意识。没有意识到市场经济就是法治经济，市场经济离不开法律法规的保护和引导。本案原本是可以完全避免的，第一，在河南中通公司不能及时退费导致被告人不能及时退费时，被告人不应直接关闭营业场所、不向劳务人员告知其踪迹和歇业目的只身前往郑州追要费用，导致劳务人员认为被告人携款潜逃而报案。第二，在向河南中通公司支付费用时，应明确要求直接转至河南中通公司账户或者在协议中明确约定河南中通公司指定收款人。由于费用的支付未明确约定，案发后中间人房×星不予出庭作证，导致本案在审理中遇到困难，并且给司法机关造成被告人有隐匿、非法占有的认识。第三，被告人周某对刑事法律的无知导致其私刻河南中通公司西安办事处的印章使用，最终导致其被判处伪造印章罪，令人惋惜、遗憾。

因此，作为市场经济的参与者，一定要深刻意识市场经济法治化的必然趋势，对法律心存敬畏，规范经济行为，否则将阻碍市场经济法治化进程。

案例 6

张某非法吸收公众存款罪终减刑

杨云亮

一、案情简介

张某系北京达通国际贸易有限公司（以下简称北京达通公司）法定代表人，2013 年 2 月因犯组织、领导传销活动罪被湖北省某法院判处有期徒刑三年，缓刑五年。2014 年 10 月因犯非法吸收公众存款罪被北京市某区法院判处有期徒刑三年零六个月，决定执行有期徒刑五年，罚金人民币 20 万元，刑期至 2017 年 6 月 19 日止。2016 年，张某还在北京某监狱执行刑罚期间，因陕西地区非法吸收公众存款罪的受害群众在陕西省西安市报案，陕西省西安市某区公安机关从北京市某监狱将张某押解至西安市某看守所进行羁押。

张某涉嫌非法吸收公众存款的方式，主要是通过北京达通公司以增资扩股投资的名义向社会不特定人群非法吸收资金，即集资参与人每投资 1.5 万元，其中 1 万元用于购买北京达通公司万分之零点二的股份，5000 元用于购买北京达通公司的玉器，6 个月为一个周期，每个月返利 2100 元，6 个月后返还 1 万元本金。

张某涉嫌非法吸收公众存款罪一案在陕西省西安市某基层、中级人民法院经过原一审、二审审理和发回一审、二审审理，共计四次审理。笔者是在原一审裁决后自原二审程序开始接受委托直至发回后的终审。

原二审审理阶段，笔者接受委托后仔细研究了全案的证据材料，发现原一审法院对涉案吸存的金额认定有误，西安地区部分集资犯罪已经湖北某法院审理，并向原二审审判机关提出书面辩护意见要求依法改判或发回重审。最终原二审审判机关以事实不清、证据不足为由裁定撤销原一审判决，发回重新审理。

二、公诉意见

公诉机关认为，北京达通公司以增资扩股投资等名义向社会不特定人群非法吸收资金，即集资参与人每投资1.5万元，其中1万元用于购买北京达通公司万分之零点二的股份，5000元用于购买北京达通公司的玉器，6个月为一个周期，每个月返利2100元，6个月后返还1万元本金。经鉴定，2011年7月至2012年2月期间，张某通过潘信、宋亮等人在本市向83人吸收资金8664100元，已兑付金额2672820元，尚欠5991280元。

2016年1月6日，潘信退缴返利收益19.5万元。1月12日，宋亮退缴返利收益55.59万元。

据此，被告人张某的行为已触犯《中华人民共和国刑法》第一百七十六条第一款之规定，构成非法吸收公众存款罪，提请人民法院依法判处。

三、法庭辩护

被告人对非法吸收公众存款罪的罪名无异议，对一审法院量刑有异议，认为一审法院量刑过重，建议贵院能够改判从轻量刑。具体辩护意见如下，望合议庭参考、采纳：

（一）被告人以个人代理合同形式吸收资金的行为，系组织、领导传销活动行为，不应作为非法吸收公众存款罪予以认定

《个人代理合同》的奖金返利是以拉人头的形式为基础，层层领取返利的模式，虽然在投资前期北京达通公司采取与受害人签订《增资扩股协议书》，并向投资人发放股权证书的形式吸收资金，但因后期北京达通公司不能按照《增资扩股协议书》按时返利，于是受害人与北京达通公司将《增资扩股协议书》变更为《个人代理合同》，合同变更后，返利模式也随即发生了变化。

以增资扩股名义吸收资金的返利模式为：集资参与人每投资1.5万元，其中1万元用于购买北京达通公司万分之零点二的股份，5000元用于购买公司的玉器，6个月为一个周期，每个月返利2100元，6个月后返还1万元本金。

以代理合同形式募集资金的返利模式为一种四级代理的传销模式，以经营玉石等活动为名，让参与者选择注资5000元、3万元、10万元、50

万元后分别获得区域、县级、市级、省级代理商资格，代理商除能够获得固定分红返利的静态奖外，还能获得以发展会员的数量和注资额作为计酬或者返利依据的动态奖，以此引诱参加者继续发展他人参加，骗取财物，并按照一定顺序组成层级关系（详见湖北省某县法院（2012）鄂某县刑初字第001××号《刑事判决书》第3页自上而下第11—17行）。

故，对签署或者变更为《个人代理合同》形式吸收资金的行为，应属于组织、领导传销活动，而不是非法吸收公众存款行为。并且，被告人张某以个人代理合同形式吸收资金的行为已经被湖北省某县人民法院认定为组织、领导传销活动罪（详见补侦卷一第2—5页）。

所以，将被告人张某以个人代理合同形式募集的资金不宜作为非法吸收公众存款行为吸收的金额予以认定。

（二）经统计，被告人以个人代理合同形式募集的资金共计2085000元，该2085000元金额应当在本案（非法吸收公众存款罪）中予以扣减

1. 以个人代理合同形式募集的资金共计2085000元（详见审计报告卷第11—21页《北京达通公司集资参与人员报案情况明细表》附表1—1）。以下是辩护人摘录整理的《集资参与人员代理合同及金额明细表》（略）。

2. 以个人代理合同形式募集的资金2085000元系张某等人以组织、领导传销活动募集的资金，已经被湖北省某法院依法审理并判决。

（1）从募集资金的时间上来看，以个人代理合同形式募集资金的时间段已经被湖北省某县法院依法审理。

从《个人代理合同》签署的时间来看，本案集资参与人以《个人代理合同》形式投资的时间段在2012年1月至2012年3月期间（详见审计报告卷第11—21页《北京达通公司集资参与人员报案情况明细表》附表1—1）。湖北省某县人民法院依法审理被告人张某以组织、领导传销活动吸收资金的行为的时间段，为自2011年11月开始起至2012年11月20日湖北省某县公安局侦察终结并出具起诉意见书之日止的期间（详见补侦卷一第3页自上而下第10—17行和第8—10页）。

（2）从涉案地域来看，湖北省某县法院依法审理的是涉及全国的以组织、领导传销活动募集资金的行为，本案不宜对西安市区域的以组织、领导传销活动募集资金的行为重复处理。

湖北省某法院（2012）鄂某县刑初字第001××号《刑事判决书》第

3 页自下而上第 1—2 行明确查明，截至案发时，网站服务器载明全国 4000 余人登记注册成为会员，涉案金额达人民币 7600 万余元。足以说明湖北某法院审理的组织、领导传销活动是全国性的组织、领导传销活动，并不是某一特定区域的组织、领导传销活动，所以在同一时期的西安市的组织、领导传销活动应当已经被湖北省某法院审理判决。

（3）从湖北省某法院的卷宗资料来看，湖北省某县公安局对西安地区的负责人宋亮、潘信均进行了讯问，对西安的集资情况也进行了取证，所以湖北省某法院已经审理了西安地区的组织、领导传销活动。

西安市某区人民检察院追加起诉决定书已经审查查明，2011 年 7 月至 2012 年 2 月期间，被告人张某是通过潘信、宋亮等向他人吸收资金。

补侦卷六第 00027—00045 页是湖北省某县公安局对被告人张某的讯问笔录，其中的 00038 页中自下而上第 1 行和第 9 行已经说明，当时被告人张某已经告知湖北警方，西安地区涉及传销活动并且该地区的负责人叫宋亮。

补侦卷九第 00849—00858 页是湖北省某县公安局对西安地区的潘信的讯问笔录，其中第 00850—00851 页是潘信向湖北省某县警方供述西安地区以股权投资模式转为个人代理投资模式的转变过程。在 00852 页第 1 至 4 行，潘信供述，当时西安地区涉案集资参与人为 10 级左右，约 100 人。

补侦卷十一第 45—63 页是湖北省某县人民法院刑事审判第一庭的开庭笔录，其中第 51 页自上而下第 11 行提到了宋亮，第 55 页自下而上第 6 行中西安地区负责人宋亮和潘信向法庭出具了证言。

西安市某区法院补侦卷十一第 64—76 页，是湖北省某县公安局对西安地区负责人宋亮的讯问笔录，其中第 67 页自上而下第 8 行，宋亮供述 2012 年初公司决定改变传销模式，改为网上模式。第 68 页自上而下第 6—7 行，宋亮供述公司从银行将返利转到自己卡上，再由自己转给潘信，由潘信转给下面的人分钱。第 69 页自上而下第 10—14 行，宋亮供述，西安区域是 10 万元的级别，应该属于市级代理。

2015 年 12 月 30 日宋亮在向西安市公安局某分局经侦大队的询问笔录（P13）中陈述："我给湖北某县公安局还交了 30 万元罚款。"

2015 年 4 月 1 日潘信在某公安分局经侦大队的询问笔录（P18）中陈述："股权投资模式公司没有钱分红后，张某又搞了一套传销模式，每 3

万元为一单，每单每月 10 日、20 日、30 日分三次分红 2700 元，政策比较复杂我记不清了，前期股权投资模式没有到期的投资人。扣除已经的分红，凑 3 万元为一单签订代理合同。……我全部投入公司了。我给湖北某县公安局交了 30 万元罚款。”

2015 年 12 月 28 日潘信在向西安市公安局某分局经侦大队的询问笔录（P22）中陈述：“2012 年 2 月，北京达通公司再不给投资人按月分红了，张某又想了一套传销模式，公司规定前期的投资款扣除已拿的分红，剩余的投资款转入传销模式，签订代理合同，每单 3 万元，每 10 天一单返 900 元，每月返 2700 元，刚运行了一个月，公司就被湖北某县公安局以传销处理了，张某被抓了，我也被抓了，后来罚款又被取保了。”

综上，可以看出，湖北省某法院对在西安区域的被告人张某等人组织、领导传销活动的犯罪行为已经进行了审理判决。

3. 公诉机关将涉及《个人代理合同》募集资金认定为非法吸收公众存款的资金予以公诉，证据不确实、不充分，无法排除合理怀疑。

我国刑事诉讼法规定，公诉案件中被告人有罪的举证责任由人民检察院承担。根据《人民检察院刑事诉讼规则（试行）》第六十三条规定，人民检察院侦查终结或者提起公诉的案件，证据应当确实、充分。证据确实、充分，应当符合以下条件：（1）定罪量刑的事实都有证据证明；（2）据以定案的证据均经法定程序查证属实；（3）综合全案证据，对所认定事实已排除合理怀疑。

在本案中，西安市某区人民检察院将被告人张某以个人代理合同形式募集的资金 2085000 元，作为“非法吸收”罪名吸收金额予以公诉，与已生效的湖北省某县法院（2012）鄂某县刑初字第 00146 号《刑事判决书》查明的事实，与湖北省某县公安局对被告人张某的讯问笔录（补侦卷六第 00027—00045 页）中记载的事实，与湖北省某县公安局对西安地区的潘信的讯问笔录（补侦卷九第 00849—00858 页，第 00850—00851 页）记载的内容产生了矛盾；与湖北省某县人民法院刑事审判第一庭的开庭笔录（补侦卷十一第 45—63 页）记载的内容，与湖北省某县公安局对西安地区负责人宋亮的讯问笔录（补侦卷十一第 64—76 页，第 67 页自上而下第 8 行，第 68 页自上而下第 6—7 行，第 69 页自上而下第 10—14 行）中记载的内容，与 2015 年 12 月 30 日宋亮在向西安市公安局某分局经侦大队的询问笔录（P13）中陈述的内容，与 2015 年 4 月 1 日潘信在向西安市公安局某分局经侦大队的询问笔录（P18）中陈述内容，以及 2015 年 12 月 28 日潘信在向西安市公安局某分局经侦大队的询问笔录（P22）中的陈述均产生了矛盾，综合全案证据对认定的吸收金额的事实不能排除合理怀疑。辩护人认为在刑事诉讼过程中，当案件事实在证明过程中出现不确定的因素时，应作出有利于被告人的解释或认定。同理，犯罪事实与证据不一致时，应本着刑罚解释的谦抑性，依据有利于被告人原则定罪量刑。因此，辩护人认为，被告人张某以个人代理合同形式募集的资金 2085000 元应按照刑法谦抑性原则，在“非法吸收”案中予以扣减，并作为从轻量刑情节予以从轻判决。

另外，从原审法院委托鉴定的鉴定意见书、卷宗资料以及原审判决可以看出，原审法院在被告人张某涉嫌“非法吸收”案中，将被告人张某涉嫌领导、组织传销罪（以个人代理合同形式募集的资金的行为）的行为认定为了“非法吸收”罪并进行了判决。退一步讲，假如有证据证明，西安地区以“非法吸收”罪判处的实际为涉嫌领导、组织传销罪的人员及金额 2085000 元在湖北某县人民法院未依法判处，那么也不应该将西安地区的涉嫌领导、组织传销罪的涉案金额 2085000 元认定为“非法吸收”，并以“非法吸收”法律规定进行判处。因为将涉嫌领导、组织传销罪行为及金额认定为“非法吸收”的话，将违反刑法的“罪责刑相适应原则”，使被告人不能得到公正、合法的处罚。

所以，公诉机关将以《个人代理合同》形式募集的资金认定为非法吸收公众存款的金额，证据不确实、不充分，应依法不予采纳。

（三）将被告人张某“非法吸收公众存款罪”案中的退赔金额之情节作为量刑情节予以酌定从轻判决

原审法院依法查明的已兑付金额中涉及以股权投资形式吸收资金后已兑付及退缴返利金额共计 3373720 元。该笔已兑付资金系在 2012 年或之前已完成兑付，因此建议贵院将被告人张某“非法吸收公众存款罪”案中的退赔金额之情节作为量刑情节予以酌定从轻判决。

原审法院依法查明的已兑付金额中涉及以股权投资形式吸收资金后兑付返利金额共计 2672820 元（2012 年或之前已完成兑付），加之 2016 年潘信和宋亮退缴返利收益 700900 元，被告人张某涉嫌“非法吸收公众存款”

案中已兑付及退缴返利金额共计 3373720 元。原审法院未对被告人张某“非法吸收公众存款”案中的已兑付及退缴返利金额作为从轻量刑情节予以酌情考虑，辩护人建议贵院将被告人张某“非法吸收公众存款”案中的退赔金额情节作为量刑情节予以酌定从轻判决。

（四）购买公司的玉器的行为系民事交易行为，不应认定为非法吸收公众存款罪一案涉案金额，本案中应当予以扣减

公诉机关在《追加起诉决定书》中起诉的资金总额为 8664100 元。8664100 元总额扣减湖北省某法院已审判的本案中以个人代理合同形式募集的资金 2085000 元后，剩余涉案金额应为 6579100 元，因此购买玉石的款项约为 2193033 元。

北京市某区人民法院和西安市某区人民法院均查明，北京达通公司以增资扩股名义向社会不特定人群非法吸收资金，即集资参与人每投资 1.5 万元，其中 1 万元用于购买北京达通公司万分之零点二的股份，5000 元用于购买公司的玉器，6 个月为一个周期，每个月返利 2100 元，6 个月后返还 1 万元本金。也就是说，集资参与人每出资 1.5 万元，其中 5000 元用于购买了北京达通公司的玉石，该事实已经依法查明，辩护人认为该查明事实属实，应予以确认。购买玉石系民事主体双方正常的民事交易行为，该行为不能认定作为非法吸收公众存款的行为，该行为涉及的交易金额也不宜作为认定非法吸收公众存款的涉案金额。

所以，用于购买玉石的 2193033 元应在本案非法吸收公众存款罪一案中扣除。

（五）不应将 1085000 元金额计算在非法吸收公众存款一案中

部分集资人虽从股权投资形式转为个人代理合同投资形式，但其实际出资只有一次。所以转为个人代理合同投资后已经被湖北省某法院审理，本案中不应将该 1085000 元金额计算在非法吸收公众存款罪一案中。

1. 集资参与人赵×荣在 2011 年 10 月 5 日进行股权投资，后于 2012 年 3 月 13 日转为《个人代理合同》。赵×荣 2012 年 3 月 13 日转为《个人代理合同》形式投资后，因案发已经被湖北省某法院以组织、领导传销活动罪依法审理（赵×荣位列本代理词第二条第（一）项表格中第 23 位）。另外，虽然赵×荣通过股权和个人代理合同形式上共投资两次，但是从赵×荣出具的收款收据可以看出，其实际出资一次，0007335 号收款收据从案

卷中已看不清内容，但是0048799号收款收据明确记载："今收到赵×荣30000元购玉资格"，该收据不是其投资款收据（公安卷一第106—109页）。所以可以判断赵×荣前后两次以不同形式投资，实际出资却只有一次。因此，赵×荣以股权投资形式的投资金额75000元投资款计算在非法吸收公众存款罪一案中，系重复计算，应当予以扣除。

2. 集资参与人张×芹在2011年10月10日进行股权投资，后转为《个人代理合同》。张×芹转为《个人代理合同》形式投资后，因案发故被湖北省某法院以组织、领导传销活动罪依法审理（张×芹位于本代理词第二条第（一）款表格中第22位）。虽然张×芹通过股权和个人代理合同在形式上共投资两次，但是从张×芹出具的收款收据可以看出，其实际出资一次，0041191号收款收据载明："今收到张×芹交来人民币叁万元整。"但是0048800号收款收据明确记载："今收到张×芹30000元购玉资格"，该收据系购玉资格款项收据（公安卷一第76—77页）。所以可以判断张×芹前后两次以不同形式投资，实际出资却只有一次。因此张×芹以股权投资形式的投资金额3万元计算在非法吸收公众存款罪一案中，系重复计算，应当予以扣除。

3. 集资参与人谢×云在2011年2月5日进行股权投资，后于2012年3月15日转为《个人代理合同》。谢×云转为《个人代理合同》形式投资后，因案发故被湖北省某法院以组织、领导传销活动罪依法审理（谢×云位列本代理词第二条第（一）款表格中第19位）。虽然谢×云通过股权和个人代理合同共投资两次，但是从谢×云出具的收款收据可以看出，其实际出资一次，0089714号收款收据载明："今收到谢×云交来人民币肆万五千元整。"但是0048757号收款收据明确记载："今收到谢×云30000元购玉资格"，该收据系购玉资格款项收据（公安卷一第130—134页）。所以可以判断谢×云前后两次以不同形式投资，实际出资却只有一次。因此谢×云以股权投资形式的投资金额45000元计算在非法吸收公众存款罪一案中，系重复计算，应当予以扣除。

4. 集资参与人郗×华在2012年1月5日和2012年2月5日进行股权投资，后于2012年3月31日转为《个人代理合同》。郗×华转为《个人代理合同》形式投资后，因案发故被湖北省某法院以组织、领导传销活动罪依法审理（郗×华位列本代理词第二条第（一）款表格中第18位）。虽然郗×华通过股权形式投资两次和通过个人代理合同投资一次，但是从郗×华出具的收款收据可以看出，其在股权投资阶段有实际出资，在个人代理合同阶段没有出资，0089715号收款收据载明："今收到郗×华交来人民币叁万元整。"1907005号收款收据载明："今收到郗×华交来人民币叁万元整。"但是0024140、0024661和0924662号收款收据均明确记载："今收到郗×华30000元购玉资格"，该收据系购玉资格款项收据（公安卷三第32—38页）。所以可以判断郗×华前后两次以不同形式投资，实际出资却只有一次。因此郗×华以股权投资形式的投资金额15万元计算在非法吸收公众存款罪一案中，系重复计算，应当予以扣除。

依据同样的理由，依次还有集资参与人李×超（公安卷二第40—48页）投资金额270000元，唐×达（公安卷二第52—54页）投资金额120000元，李×（公安卷二第105—116页）投资金额50000元，宁×芳（公安卷一第35—43页）投资金额60000元，梁×斌（公安卷三第22—27页）投资金额150000元和陈×利（公安卷三第42—49页）投资金额135000元在非法吸收公众存款罪一案中，系重复计算，应当予以扣除。

综上，张某非法吸收公众存款一案中，以8664100元金额对张某提起公诉不符合客观事实和罪刑相适应的刑事法律原则。

（六）本案被告人主观恶意小，建议贵院酌定从轻量刑

《最高人民法院关于审理非法集资刑事案件具体应用法律若干问题的解释》第三条第四款规定，非法吸收或者变相吸收公众存款，主要用于正常的生产经营活动，能够及时清退所吸收资金，可以免予刑事处罚；情节显著轻微的，不作为犯罪处理。由此可以得知，若行为人非法吸收的资金是用于正常的生产经营，且有能力、有意愿退还吸收资金的，可以作出建议法院免除刑事处罚的辩护意见。即使涉案数额较大，行为人无力退还资金，但资金主要用于正常生产经营的情况也反映出行为人主观恶意较小的从轻情节。

从本案全部卷宗证据来看，被告人吸收资金未肆意挥霍集资款，也没有将集资款用于违法犯罪活动等用途，所以被告人主观恶意较小，建议法庭能考虑从轻量刑。

另外，被告人在各个审理阶段，前后供述一致，如实向侦查机关、公诉机关、审判机关供述了其吸收资金的全过程，其如实供述罪行的行为属

于坦白情节。并且在原一审、二审到本审阶段，被告人均当庭认罪，根据法律规定，辩护人恳请贵院综合考虑被告人如实供述的阶段、悔罪程度以及犯罪性质等情况，对被告从轻量刑。

辩护人认为刑罚的目的应以教育为主，通过适当的刑罚使得被告人认识到自身的违法行为并悔过自新，并且在回归社会后能够尽快融入现实社会生活当中，为社会发展、为家庭幸福尽应有之力，而过重的刑罚可能会磨灭一个人对美好生活的向往，会起到适得其反的作用。并且据辩护人了解，被告人年迈的父母都还健在，其还有三个孩子还正在上学，家庭非常困难，其家人期盼被告人能早日回归正常生活，肩负起作为儿子、丈夫和父亲的责任。

综上，辩护人恳请贵院在依法查清被告人吸收金额等案件事实的前提下，依法对被告人张某从轻判处，维护法律正确实施，彰显法律公正公平。

四、法院裁决

发回重审后一审判决，被告人张某犯非法吸收公众存款罪，判处有期徒刑六年零六个月，并处罚金人民币 40 万元；犯组织、领导传销活动罪、非法吸收公众存款罪，判处有期徒刑五年，并处罚金人民币 20 万元。决定执行有期徒刑九年零六个月，并处罚金人民币 60 万元（刑期自 2012 年判决执行之日起计算，判决执行前先羁押一日折抵刑期一日，即自 2012 年 6 月 20 日起至 2021 年 12 月 19 日止）。

发回重审后二审判决，维持一审判决第一项罪名、个罪的量刑和罚金部分，以及判处罚金内容。撤销一审判决第一项对被告人张某决定执行的量刑部分，决定执行有期徒刑八年（刑期自 2012 年判决执行之日起计算，判决执行前先羁押一日折抵刑期一日，即自 2012 年 6 月 20 日起至 2020 年 6 月 19 日止）并处罚金 60 万元。

五、律师说法

非法吸收公众存款罪包括非法吸收公众存款或者变相吸收公众存款两种行为。

非法吸收公众存款，是指行为人违反国家法律、法规的规定向社会大众以存款的形式吸收资金的行为。主要包括两种情况：一是行为人不具有吸收存款的主体资格而吸收公众存款，破坏金融管理秩序的行为；二是行为人具有吸收存款的资格，但是其吸收存款采用的方法是违法的。对后一种情况，商业银行法已具体规定了行政处罚措施，一般不宜作为犯罪处理。

变相吸收公众存款，是指行为人不以存款的名义而是通过其他形式吸收公众资金，从而达到吸收公众存款的目的的行为。

本案中，被告人张某通过出卖公司股份的方式公开吸收公众资金的行为系以投资入股的方式非法吸收资金的行为，属于变相吸收公众存款。

根据我国刑法以及相关司法解释的规定，非法吸收公众存款罪的追究刑事责任标准、量刑情节轻重主要取决于行为人吸收资金金额的大小和涉案集资参与人的人数。

按照最高人民法院、最高人民检察院、公安部联合印发的《关于办理非法集资刑事案件若干问题的意见》规定，集资参与人收回本金或者获得回报后又重复投资的数额、向集资参与人已支付利息、提成等已返利的金额，以及已追缴的资金金额均可以作为最轻量刑情节予以酌情考虑。

因此，本案中笔者选择从吸收资金金额上入手，为其进行从轻量刑的辩护，客观上取得了一定的辩护效果，实属不易。

资金是企业运行的血液，企业能否生存和发展，基本上取决于资金能否正常流通。本案的发生就是因企业家采取不当方式为企业寻求资金导致其触犯法律，最终承担刑事法律责任。企业融资难是我国绝大多数民营企业都面临的一个现实问题，企业家为了企业的生存寻求资金的支持理所应当，也是企业家的天然职责。但是，企业家在经营企业、发展企业过程中应当要有风险意识和法律意识，要有意识地保护自己和企业，远离法律红线，采取合法、合规的经营方法和风险防范措施经营企业，应采取合理的诉求表达方式，维护企业的合法权益。

案例7

李某某贩卖毒品罪

杨厚军

一、案情简介

2017年2月20日至3月17日，被告人李某某从被告人李某乙、刘某某处通过快递邮寄的方式购买冰毒4次，每次5克，共计20克。2017年6月8日，被告人李某某以300元的价格在某省某市向张某某出售冰毒0.5克。案发时，李某某冰毒检测结果呈阳性。2017年6月16日，李某某被公安机关刑事拘留。2018年8月，经一审法院认定，李某某犯贩卖毒品罪，判处有期徒刑七年，并处罚金1万元。被告人李某某不服一审判决，遂提起上诉。

二、公诉意见

某人民检察院指控：(1) 2017年2月20日至3月11日，被告人刘某某、李某乙通过咸鱼平台向李某某出售冰毒4次，每次5克，共计20克；(2) 2017年6月8日，被告人李某某在山东省荣成市以300元的价格向张某某出售冰毒0.5克。为支持其控诉，公诉机关当庭出示了相关证据，公诉机关认为被告人李某某以牟利为目的，向他人贩卖毒品，其行为已经触犯了《中华人民共和国刑法》第三百四十七条之规定，犯罪事实清楚，证据确实充分，应当以贩卖毒品罪追究其刑事责任。

二审审理期间，出庭履行职务的检察员发表了“原审判决认定事实清楚，证据确实、充分，定罪准确，量刑适当，审判程序合法，建议驳回上诉，维持原判”的出庭意见。

三、法庭辩护

一审判决作出后，笔者接受被告人李某某家人的委托并征得被告人本人的同意，作为被告人的二审辩护人。其间，笔者通过详细阅卷、制作阅卷提纲、整理案件事实对比、梳理法律观点并多次会见被告人、参加法庭调查后，对本案事实有了更为全面的认识，提出了如下辩护意见。

其一，被告人李某某在侦查期间的历次供述笔录显示李某某在被刑拘前几日持续吸毒，且吸食毒品数量较大（每日 0.5 克以上），被告人购买毒品时间（2017 年 2 月 20 日至 3 月 11 日）距离被抓获（2017 年 6 月 16 日）已有四个月，李某某刑事拘留时冰毒检测结果呈阳性等证据可以证明被告人购买毒品并非全部用于贩卖，而是大部分用于吸食，具体证据列举如下：

1. 某市公安局现场检测报告书。

2017 年 6 月 16 日李某某在某市公安局的吸毒检测报告结果为阳性。

2. 一审法庭审理笔录第一次（2018 年 3 月 20 日）。

第二起事实：2017 年 2 月 20 日至 3 月 11 日，被告人刘某某、李某乙通过咸鱼平台向李某某出售冰毒四次，每次 5 克，共计 20 克。

公诉人举证：

（1）书证、物证。

第一，刘某某与李某某微信聊天，证明刘某某与李某某通过微信商定以 230 元价格向李某某出售冰毒 5 克。

第二，刘某某与李某某咸鱼交易记录，证明刘某某与李某某通过微信商定以 230 元价格向李某某出售冰毒 5 克交易成功。

（2）被告人的供述和辩解。

第一，刘某某四次供述，证明刘某某伙同李某乙共同贩卖毒品的事实，刘某某向李某某出售毒品四次共计 20 克。

刘某某咸鱼账号“淘淘买家 88”中的四笔交易 2017 年 3 月 11 日 1150 元，3 月 5 日 1150 元，3 月 3 日 1150 元，2 月 20 日 1200 元，卖给李某某的是冰毒，每次 5 克，共计 20 克。

第二，李某乙四次供述，证明刘某某伙同李某乙共同贩卖毒品的事实，李某乙负责与快递公司联系。

3. 李某某三次供述，证明李某某从他人手中购买毒品，将毒品再转卖给他人的犯罪事实。

（1）李某某讯问笔录（第一次）：

问：知道公安机关因为什么拘留你吗？

答：因为我吸毒、贩毒。

（2）李某某讯问笔录（第二次）：

问：你为什么要贩卖毒品？

答：我自己吸毒，后来有朋友想吸我不能白给他吸，我就把买来的毒品再卖给他们。

（3）李某某讯问笔录（第二次）：

问：你从“淘淘买家88”买的那20克冰毒都弄哪里去了？

答：让我自己吸了。

辩护人认为：被告人李某某供述的贩卖毒品数量加上其吸食的毒品数量，二者数量和与购买数量能够相互印证。故本案中以被告人李某某购买毒品数额认定为其贩卖毒品数额有所不当。

本案只能证明李某某从刘某某、李某乙手中购买了四次共计20克毒品，但是不能证明李某某将这20克毒品再次转卖给他人。

李某某在被讯问那20克冰毒都弄到哪里去了时，李某某回答：“让我自己吸了。”公安机关的第一次讯问笔录没有问李某某这20克毒品是否被吸食掉了还是转卖了。

李某某在第一次、第二次讯问笔录均供述了向刘某某、陈某某出售毒品的事实。但是，需要明确：第一，公安机关并没有找到刘某某、陈某某（2017年12月14日公安机关办案说明一份，公安机关未能将刘某某、陈某某两名犯罪嫌疑人确定身份并抓获），第二，按照李某某的供述，其转卖给刘某某的情形如下：2017年6月8日，刘某某给李某某一个手机号码（是张某某的），想买300元冰毒，给他一个自封塑料袋，里面有0.5克；李某某记清楚的有两次，其中最后一次以350元价格卖给刘某某0.6克冰毒；显然，卖给刘某某的时间均在2017年6月8日之后，无法证明李某某将2017年2月20日至3月11日间，从刘某某、李某乙手中购买的这20克毒品转卖给刘某某或他人。

其转卖给陈某某的情形：2017年5月中旬、2017年6月6日两次共同购买毒品，事后平分，第二次分多次卖给他3克多，大概700元。无法证明李某某将2017年2月20日至3月11日间，从刘某某、李某乙手中购买的这20克毒品转卖给陈某某或他人。

李某某及辩护人对第八起指控，即李某某以 300 元的价格在某省某市向张某某出售冰毒 0.5 克没有异议。

其二，本案公诉人指控购买数额 20 克属于购买数额达到毒品数量较大起点 10 克，不足 50 克的情形，如果对被告人以购买毒品数额进行量刑，则与已查证属实的贩卖数额 0.5 克量刑差距过大，前者量刑起点为七年至八年有期徒刑，而后者为三个月拘役至九个月有期徒刑幅度内确定量刑起点，故对被告人以购买数额定罪量刑显然过于严苛。

其三，本案应以被告人的购买数额并扣除有证据证明并非用于贩卖部分对被告人量刑，但由于实践中难以锁定并非用于贩卖的毒品的准确数量的相关证据，实践中通常的做法仍然是以购买数额对其量刑，只不过在量刑上适当从宽，但在购买数额刚达毒品数量较大起点的情形下，上述从宽几乎没有意义。

其四，从对被告人有利的角度看，现有证据不能证明被告人李某某购买数额全部用于贩卖，在购买数额刚达毒品数量较大的起点的情形，对其以购买数额所对应的较高量刑幅度予以处罚，显属对被告人有罪推定。

其五，本案如果适用《全国法院毒品犯罪审判工作座谈会纪要》（以下简称《武汉会议纪要》）的规定，有证据证明并非用于贩卖部分毒品的计算，也应当结合被告人的供述、被告人通常吸毒数量及购买毒品到被查获时间等综合判断，故本案可以综合推断被告人贩卖 6 克毒品。但是，由于其中两起缺少证据印证，本案还是应以查证属实的贩卖毒品数额认定较为适宜。

综上所述，在有吸毒情节的贩毒人员所购毒品刚达数量较大的起点的情形下，不宜对其以购买毒品的数额认定贩毒数额，而应结合在案证据，对被告人以能查证属实的贩卖毒品数额和查获的毒品数额对其量刑，并适当考虑其购买数额从重处罚。

四、法院裁决

原审法院认为，被告人李某某违反国家毒品管理规定，贩卖毒品，其行为构成贩卖毒品罪。被告人李某某系吸毒人员，可酌情考虑其吸食毒品的情节。被告人李某某归案后均能够如实供述自己的犯罪事实，认罪态度较好，均可依法予以从轻处罚。依照《中华人民共和国刑法》第三百四十七条第二、三款、第三百五十六条、第二十五条、第六十一条、第六十二条、第六十五条、第六十七条第三款的规定，判决如下：1. 被告人李某某犯贩卖毒品罪，判处有期徒刑七年，并处罚金人民币 1 万元；2. 依法追缴被告人李某某非法所得 300 元；3. 扣押在案的赃款、赃物及其他物品未随案移送，由扣押机关依法处理。

一审判决后被告人李某某不服一审判决，提起上诉。2018 年 11 月 27 日，某市中级人民法院作出判决。判决认为：上诉人李某某及其辩护人提出“李某某并非有吸毒情节的贩毒人员，故不应将李某某购买的 20 克冰毒计入贩卖数额”的上诉理由和辩护意见，法庭经审查认为：1. 从时间序列上看，现有证据证实，上诉人李某某购入 20 克毒品在先，向他人贩毒行为在后，时间相差近三个月；2. 上诉人李某某没有贩毒的前科，现有证据亦无法证实在购入 20 克毒品前，上诉人李某某另有其他贩卖毒品的犯罪行为。综上认为，现有证据并不足以证实在李某某购买 20 克毒品时，其身份属于贩毒人员，故对其不能适用“有吸毒情节的贩毒人员，以购入数量认定贩卖数量”的相关规定，原审判决据此规定认定李某某贩卖 20 克冰毒不当，应予纠正。上诉人李某某的此项上诉理由和辩护人的相关辩护意见成立，予以采纳。

二审法院对一审判决改判如下：撤销一审人民法院〔2018〕鲁××××刑初×××号刑事判决第四项，即被告人李某某犯贩卖毒品罪，判处有期徒刑七年，并处罚金人民币 1 万元。上诉人李某某犯贩卖毒品罪，判处有期徒刑一年零六个月，并处罚金人民币 2000 元。

五、案例评析

毒品犯罪案件，不仅要充分考量涉案毒品数量，也要兼顾被告人合法权利的保障。在本案中，被告人李某某实施的两节犯罪行为，其中一节关于 0.5 克毒品贩卖的事实及证据确实充分，被告人供认不讳，法院对此依法进行了定罪量刑。但对于另一节关于贩卖 20 克毒品的事实被告人对此予以否认，法院经审理认为，公诉机关所举证据无法证实该毒品交易系被告人李某某贩卖这唯一结论，该节指控证据不足，从“存疑有利于被告”的法律原则出发，辩护人针对《武汉会议纪要》及《全国部分法院审理毒品犯罪案件工作座谈会纪要》（以下简称《大连会议纪要》）的法律适用，认为在有吸毒情节的贩毒人员所购毒品刚达数量较大的起点的情形下，不宜对其以购买毒品的数额认定贩毒数额，而应结合在案证据，对被告人以能查证属实的贩卖毒品数额和查获的毒品数额对其量刑，并从适当考虑其购买数额从重处罚的辩护思路出发，维护被告人的合法权益。因此，在本案的辩护过程中，辩护人对李某某的两类行为分别进行了法律分析和评价。

六、律师说法

根据我国法律规定，走私、贩卖、运输、制造毒品，无论数量多少，都应当追究刑事责任，足以说明毒品的危害极大。而贩卖毒品罪多以涉案数额追究刑事责任并量刑。但由于实践中难以锁定并非用于贩卖的毒品的准确数量的相关证据，实践中通常的做法仍然是以购买数量对其量刑，但仅以其购买数量对应的较高量刑幅度予以处罚，显属对被告人有罪推定。

最高人民法院下发的《武汉会议纪要》，明确了当前和今后一个时期人民法院禁毒工作的指导思想和任务目标，并对当前毒品犯罪适用法律的一些具体问题提出了指导意见。本案中辩护人结合最高人民法院2008年下发的《大连会议纪要》，对该案进行了剖析和解读。

具体到本案中，《大连会议纪要》规定："对于吸毒者实施的毒品犯罪，在认定犯罪事实和确定罪名时要慎重。吸毒者在购买、运输、存储毒品过程中被查获的，如没有证据证明其是为了实施贩卖等其他毒品犯罪行为，毒品数量未超过刑法第三百四十八条规定的最低数量标准的，一般不定罪处罚；查获毒品数量达到较大以上的，应以其实际实施的毒品犯罪行为定罪处罚。"

《武汉会议纪要》规定："对于有吸毒情节的贩毒人员，一般应当按照其购买的毒品数量认定其贩卖毒品的数量，量刑时酌情考虑其吸食毒品的情节；购买的毒品数量无法查明的，按照能够证明的贩卖数量及查获的毒品数量认定其贩毒数量；确有证据证明其购买的部分毒品并非用于贩卖的，不应计入其贩毒数量。"

《武汉会议纪要》直接把查获的数量归入贩卖的数量，在目前量刑已经数字化的时代，更容易根据毒品的具体数量来定罪处罚。但如果仅简单地将住处查获的毒品数量计入贩卖的数量，势必存在没有考虑到犯罪形态的问题。因此，在办理该案件时，应当将《大连会议纪要》和《武汉会议纪要》统一起来，充分考虑被告人的犯罪形态、主观心态及法律适用等问题，这对于毒品类案件辩护具有重要的指导和参考价值。

案例 8

张某某非法储存爆炸物罪

杨厚军

一、案情简介

2018 年 11 月，某县公安局民警在一个采石场进行民爆物品治安检查时发现被告人张某某使用炸药开山采石，经现场询问得知张某某住所里还储存有民爆物品。当日 18 时许，公安人员对张某某位于某镇的住所依法进行搜查，搜查出疑似炸药 171.5 千克、黑火药 5.4 千克、导火索 123 米、火雷管 8 枚。当日 19 时许，被告人张某某被传唤到县公安局接受讯问。

经市公安局刑事科学技术研究所检验，从疑似黑火药的黑色粉末中检出含碳元素的颗粒、含硫元素的颗粒；从疑似硝铵炸药的灰白色粉末中检出铵根离子和硝酸根离子成分；疑似导火索是导火索。

第二日张某某被刑事拘留，后被检察院批准逮捕。

二、公诉意见

（一）一审检察机关的公诉意见

检察院指控，2018 年 11 月，市公安局在开展民爆物品检查时发现被告人张某某使用炸药开山采石，后对其位于某镇的住所依法进行搜查，在其住所发现炸药 171.5 千克、黑火药 5.4 千克、导火索 123 米、火雷管 8 枚。经地市公安局刑事科学技术研究所检验，从疑似黑火药的黑色粉末中检出含碳元素的颗粒、含硫元素的颗粒；从疑似硝铵炸药的灰白色粉末中检出铵根离子和硝酸根离子成分；疑似导火索是导火索。经某爆破器材检测检验中心检验，送检的黑火药样品按试验方案进行试验发生爆燃，判定其为具有爆燃危险的物质，结合观察外观状况，可归类于黑火药类物品；送检的疑似硝铵炸药按试验方案进行试验，具备工业炸药的爆炸性。

公诉机关认为，对被告人张某某的行为应以非法储存爆炸物罪追究其刑事责任。

（二）二审支持抗诉检察机关的公诉意见

检察院的出庭意见是：某爆破器材检测检验中心和某理工大学化学材料测试中心出具的检验报告，证实自被告人张某某处搜查到的疑似爆炸物，具有爆炸性；明确了疑似黑火药和疑似硝铵炸药的具体成分，足以认定张某某非法储存爆炸物；使用其储存的爆炸物开山采石对外销售的犯罪事实清楚，证据确实充分，证实张某某非法储存炸药171.5千克、烟火药5.4千克、导火索123米、火雷管8枚。

三、法庭辩护

该案的辩护焦点就是：指控的涉案爆炸物品是不是有关法律规定的爆炸物。辩护律师针对公安机关、检察机关的三次鉴定意见从不同的角度进行质证，一、二审法院高度重视，倾听并采纳了辩护律师的意见，张某某得以轻判。

（一）审查起诉阶段的辩护意见

1. 市公安局刑事科学技术研究所检验报告：

（1）从疑似黑火药的黑色粉末中检出含碳元素的颗粒、含硫元素的颗粒；

（2）从疑似硝铵炸药的灰白色粉末中检出铵根离子和硝酸根离子成分；

（3）疑似导火索是导火索。

2. 辩护律师质证意见：

（1）关于黑火药。《最高人民法院关于审理非法制造、买卖、运输枪支、弹药、爆炸物等刑事案件具体应用法律若干问题的解释》及国防科工委、公安部2006年11月9日制定的《民用爆炸物品品名表》对黑火药均有明确规定，明确其属于民用爆炸物的一种。

但是市公安局刑事科学技术研究所检验报告的检验意见，对疑似黑火药的检验，与黑火药一般是由硫磺、木炭和硝石（硝酸钾）混合而成的事实有很大出入，并且没有硫磺、木炭和硝石含量的检验结论，也就是混合比例没有检测出来，所以检验报告最终鉴定意见不明确，检验报告最终并没有认定疑似黑火药就是黑火药。既然没有确定是黑火药，那就不能按照黑火药进行刑事控告并处罚。因此，张某某涉嫌非法储存5.4千克疑似黑火药的行为不构成犯罪。

（2）关于炸药。《民用爆炸物品品名表》（2006年11月9日）"工业炸药"一栏规定了27种炸药，本案涉嫌的是硝铵炸药，但市公安局刑事科学技术研究所的检验报告最终并没有认定疑似硝铵炸药就是硝铵炸药。

工业炸药又称民用炸药，是以氧化剂和可燃剂为主体，按照氧平衡原理构成的爆炸性混合物，属于非理想炸药。现在主要使用的工业炸药品种有三类：硝铵炸药、铵油炸药和乳化炸药。硝铵炸药的理化性质为硝酸铵、TNT的混合物，但是市公安局对疑似硝铵炸药的检验，仅仅检验出铵根离子和硝酸根离子成分，并且没有铵根离子和硝酸根离子含量的检验结论，也就是混合比例没有检测出来。铵根离子与硝酸根离子能结合成硝酸铵，与硝铵炸药为硝酸铵、TNT的混合物成分规定相比，没有TNT（一种烈性炸药，由J. 威尔勃兰德发明，呈黄色粉末或鱼鳞片状，难溶于水，可用于水下爆破），所以检验报告最终没有明确的鉴定意见，疑似硝铵炸药到底是不是硝铵炸药。既然没有确定是硝铵炸药，那就不能按照硝铵炸药进行刑事控告并处罚。

（3）关于导火索。最高人民法院关于爆炸物的司法解释以及《民用爆炸物品品名表》（2006年11月9日）对导火索均有明确规定，涉案导火索是123米。根据《最高人民法院关于审理非法制造、买卖、运输枪支、弹药、爆炸物等刑事案件具体应用法律若干问题的解释》第一条第六项规定，非法买卖、储存导火索30米以上构成犯罪；第二条第一项规定，爆炸物的数量达到第一条第六项规定的最低数量标准五倍以上的属于"情节严重"。但是30米的五倍是150米，因此假定疑似导火索是导火索的情况下，张某某涉嫌非法储存123米导火索的行为不属于"情节严重"。

关于火雷管。火雷管没有鉴定，根据《最高人民法院关于审理非法制造、买卖、运输枪支、弹药、爆炸物等刑事案件具体应用法律若干问题的解释》第一条第六项规定，非法买卖、储存雷管30枚以上构成犯罪，8枚火雷管亦不构成犯罪。

在辩护律师提出以上质证意见后，该案退回公安机关补充侦查。

（二）法院一审阶段辩护观点

1. 补充侦查期间，侦查机关委托某民用爆破器材检测检验中心对疑似黑火药、疑似硝胺炸药再次作了鉴定。

疑似黑火药的检验报告内容：

（1）检验依据：《危险货物运输 爆炸品的认可和分项试验方法》（GB/T 14372—2013）、《工业炸药爆速测定方法》（GB/T 13228—2015）。

（2）检验结论：样品经按试验方案进行试验发生爆燃，“判”其为具有爆燃危险的物质，“结合观察外观状况”，以及“可”归类为烟火药类物品。

（3）公章：加盖“中国某民用爆破器材检测检验中心”公章。

2. 辩护律师质证意见。

（1）主体。某民用爆破器材检测检验中心作为鉴定主体不符合法律规定，没有法定的鉴定资质，其检验报告不能作为有效证据使用，不得作为定案的依据。

①法律规定如下。

A. 依照《全国人民代表大会常务委员会关于司法鉴定管理问题的决定》（2005 年 2 月 28 日通过，2015 年 4 月 24 日修正）第二条、第六条、第九条的规定，在诉讼中，对物证的属性发生争议，需要鉴定的，应当委托在省级司法行政部门登记备案并列入鉴定人名册的有该类别鉴定资格的鉴定人进行鉴定。

B.《最高人民法院关于适用〈中华人民共和国刑事诉讼法〉的解释》第八十四条、第八十五条规定：鉴定机构、鉴定人员应当具备法定资质，不具备的，鉴定意见不得作为定案的依据。

②本案鉴定单位：某民用爆破器材检测检验中心。

辩护律师在该省司法厅官网上查询，该省某地市共有 18 家司法鉴定机构，没有查到“某民用爆破器材检测检验中心”在该省司法厅官网登记备案的记录。

同时，检验报告也没有附鉴定机构具备鉴定资质的资格证书（需省级司法厅颁发），因此，不符合《全国人民代表大会常务委员会关于司法鉴定管理问题的决定》第二条、第六条、第九条、《最高人民法院关于适用〈中华人民共和国刑事诉讼法〉的解释》第八十四条、第八十五条的规定。

（2）该检验报告实验过程及检验结论均不符合法律规定，该检验结论不能证明疑似黑火药就是黑火药。

①没有鉴定疑似黑火药所含各种元素名称及配比情况。

鉴定机构没有对疑似黑火药的黑色粉末的各种元素名称及配比情况进行鉴定，不管是黑火药还是烟火药均是由一定数量的各种元素构成的，所含元素不同，各种元素含量也不同。

根据 2012 年 7 月，国家质量监督检验检疫总局、国家标准化管理委员会批准实施的《烟花爆竹作业安全技术规程》有关规定，烟火药是指主要由氧化剂与还原剂等组成的，燃烧反应产生可见光、红外辐射、高热、高压气体、气溶胶烟幕和声响等效应的物质。而黑火药是用硝酸钾、炭粉和硫磺或用硝酸钾和炭粉为原材料制成的。

②鉴定机构只是进行了一个爆燃试验。

③检验结论不符合法律规定。

检验结论应该表述为鉴定意见。第十届全国人大常委会第十四次会议通过并于 2005 年 10 月 1 日实施的《全国人民代表大会常务委员会关于司法鉴定管理问题的决定》，首次将“鉴定结论”改为“鉴定意见”。2012 年刑事诉讼法对上述修改作出了确认，将“鉴定结论”改为“鉴定意见”。这表明鉴定意见只是证据的一种，并不具有预定的证明力。

3. 检验依据：《工业炸药爆速测定方法》（GB/T 13228—2015）。

根据《工业炸药爆速测定方法》（GB/T 13228—2015）的规定，该检验结论存在以下问题：

（1）该试验并不是按照测定方法的“3 试验原理”进行的操作；

（2）试验中没有使用应该使用的下列仪器：爆速测量仪、天平、游标卡尺、钢直尺、漆包圆铜线；

（3）无缝钢管没有按照要求打孔，因而不可能做爆速测定（规格，在钢管外壁距一端 50mm 和 150mm 处，各打一个直径为 2mm 的穿孔作为安装靶线用的穿线孔）。

（4）试验结果没有爆速值。

4. 检验结论不明确。

（1）“判”，并没有明确认定是什么物质；

（2）“结合观察外观状况”，鉴定人员使用肉眼就可以认定是不是黑火药，缺乏科学依据；

（3）“可”归类于，结论不肯定，结论不唯一。

关于疑似硝胺炸药的辩护观点与关于疑似黑火药的辩护观点大体一致。

（三）法院二审阶段辩护观点

1. 结论：关于1号样疑似烟火药的检验报告内容：

（1）分析依据：《烟花爆竹烟火药成分定性测定》（GB/T 15814.1—2010）、《转靶多晶体X射线衍射方法通则》（TY/T009—1996）。

（2）分析结果：1号样含亚硝酸钠、硫磺、碳酸钙、木炭，不含高氯酸盐、氯酸盐。

2. 辩护律师关于疑似黑火药检验报告的质证意见：

（1）主体如下：

某理工大学化学材料测试中心虽然在民用爆破器材技术检验领域居于权威地位，但由于其并未依照《全国人民代表大会常务委员会关于司法鉴定管理问题的决定》经省级人民政府司法行政管理部门登记造册和公告，因此，某理工大学化学材料测试中心不具备法定司法鉴定资格。

司法鉴定人指具备《司法鉴定人登记管理办法》规定的条件，经省级司法行政机关审核登记，取得《司法鉴定人执业证》，按照登记的司法鉴定执业类别，从事司法鉴定业务。该案三名鉴定人员均无《司法鉴定人执业证》，均不具备鉴定人资格。

排除适用：辩护律师经过上网查询，符合上述条件、具有上述爆炸物司法物证鉴定资格的鉴定机构有多家，包括：广州某司法鉴定所、贵州某司法鉴定中心等。

《最高人民法院关于适用〈中华人民共和国刑事诉讼法〉的解释》（法释〔2012〕21号，现已失效）第八十七条第一款、第二款规定：“对案件中的专门性问题需要鉴定，但没有法定司法鉴定机构，或者法律、司法解释规定可以进行检验的，可以指派、聘请有专门知识的人进行检验，检验报告可以作为定罪量刑的参考。”“对检验报告的审查与认定，参照适用本节的有关规定。”由此可见，本案中，只有在对案件中的专门性问题的鉴定没有法定司法鉴定机构，或者法律、司法解释规定可以进行检验的，才可以指派、聘请有专门知识的人进行检验，检验报告才可以作为定罪量刑的参考。我国当前存在多家爆炸物司法鉴定机构，侦查机关没有任何理由不依法委托具有相应司法鉴定资格的鉴定机构进行鉴定，而将其交由不具有司法鉴定资质的机构进行检测。

因此，该检验报告不能作为有效证据使用，不得作为定案的依据。

（2）辩护律师认为该检验结论存在的问题如下：

①检验报告对 1 号样没有实验方案，应当有具体的测试设备、条件、方法等，以便于对其测试方法是否正确进行质证。

②没有鉴定疑似黑火药所含各种元素的配比情况。

根据 2012 年 7 月，国家质量监督检验检疫总局、国家标准化管理委员会批准实施的《烟花爆竹作业安全技术规程》有关规定，烟火药是指主要由氧化剂与还原剂等组成的，燃烧反应产生可见光、红外辐射、高热、高压气体、气溶胶烟幕和声响等效应的物质。而黑火药是用硝酸钾、炭粉和硫磺或用硝酸钾和炭粉为原材料制成的。

鉴定机构没有对疑似黑火药的黑色粉末各种元素及配比情况进行鉴定，不管是黑火药还是烟火药均是由一定数量的各种元素构成的，元素不同，含量也不同。火药一般由硫磺、木炭和硝石（硝酸钾）混合而成，其中硫磺和木炭是作为燃料，而硝石是作为氧化剂。民用黑火药的一般配比是硝酸钾：硫磺：木炭是 75：10：15。

③1 号样分析结果不含高氯酸盐、氯酸盐。

烟火药由氧化剂、可燃物和粘合剂等组成，常用的氧化剂有氯酸盐、高氯酸盐、硝酸盐、铬酸盐、过氧化物、氧化物等，氧化剂遇热分解，易引起燃烧爆炸，而 1 号样分析结果不含高氯酸盐、氯酸盐，也就是说，1 号样没有氧化剂。既然这样，如何引爆？

④根据《烟花爆竹烟火药成分定性测定》（GB/T 15814. 1—2010）成分判定通则部分，表 1 烟火药类别与成分参照表内容如下。

根据参照表，烟火药共分 13 类，主要成分含有硫磺、木炭的有 3 类：分别为 1 动力药；5 延期药；10 引燃药、黑火药。

A. 如果认定为 1 动力药，分析结果主要成分则缺少硝酸钾、高氯酸钾；

B. 如果认定为 5 延期药，分析结果主要成分则缺少硝酸钾、高氯酸钾、氯酸钾；

C. 如果认定为10引燃药、黑火药，分析结果主要成分则缺少硝酸钾。

辩护律师认为该检验报告的“结论”不符合法律规定。

鉴定机构认定“含亚硝酸钠、硫磺、碳酸钙、木炭，不含高氯酸盐、氯酸盐的1号样”为烟火药，与《烟花爆竹烟火药成分定性测定》（GB/T 15814.1—2010）的规定不相吻合，存在诸多矛盾之处，无法得出1号样系烟火药的最终鉴定意见。

3. 辩护律师关于2号样疑似硝铵炸药检验报告的质证意见：

（1）对2号样没有实验方案，应当有具体的测试设备、条件、方法等，以便于辩护律师对其测试方法是否正确进行质证。

（2）本案涉嫌的是硝铵炸药，但该检验报告最终并没有认定疑似硝铵炸药就是硝铵炸药。既然没有确定是硝铵炸药，那就不能按照是硝铵炸药进行刑事控告并处罚。因此，张某某涉嫌非法买卖、储存343斤疑似硝铵炸药的行为不构成犯罪。

（3）关于检验报告适用的联合国《关于危险货物运输的建议书-试验和标准手册》第六次修订的法律规定，辩护律师在网上没有找到该版本，鉴定机构应当提供该规定的中文版本，以便于辩护律师进行质证。

四、法院裁决

（一）一审法院判决内容

一审法院审理认为，公诉机关当庭提交的某民用爆破器材检测检验中心的检验报告，结论内容为：疑似黑火药样品按试验方案进行试验发生爆燃，判其为具有爆燃危险的物质，结合观察外观状况，可归类为烟火药类物品；疑似硝铵炸药按试验方案进行试验，具备工业炸药的爆炸性。但是未附鉴定机构和鉴定人员的资格证书。庭后，公诉机关仍未提交鉴定人或检测人员资格证书。根据《最高人民法院关于适用〈中华人民共和国刑事诉讼法〉的解释》第八十四条、第八十五条的规定，对某民用爆破器材检测检验中心的检验报告的有效性不予认可，不作为定案依据。

被告人张某某违反爆炸物管理规定，非法储存导火索123米，其行为构成非法储存爆炸物罪。判决被告人张某某犯非法储存爆炸物罪，判处有期徒刑五年。

（二）二审法院裁定内容

一审宣判后，原公诉机关以“一审判决未认定张某某储存工业炸药171.5千克、烟火药5.4千克的行为构成非法储存爆炸物罪，属于认定事实错误，导致量刑明显不当”等为由，提出抗诉。

二审中，检察院出示了由重新委托的某理工大学化学材料测试中心对涉案物品作出的检验报告。

辩护律师所提“某理工大学化学材料测试中心作为鉴定主体不符合法律规定，没有法定的鉴定资质，所作检验报告不是有效证据，不能作为定案的根据；鉴定程序和鉴定方法存在诸多矛盾，无法确定自张某某处搜查的疑似爆炸物为炸药或烟火药”的辩护意见成立，二审法院予以采纳。

二审法院裁定驳回抗诉，维持原判。本裁定为终审裁定。

五、律师说法

诉讼中，法官常常要参考司法鉴定机构的意见作出裁判，但司法鉴定机构却往往出现故意作虚假鉴定、错误鉴定等“乱象”。特别是在重大刑事案件中，法院不仅仅看司法鉴定结果，还对司法鉴定的过程、鉴定人都有严格的审查机制。比如，在某某投毒案、某某杀人案中，开庭时，辩护人均申请鉴定人出庭作证，当庭对死亡原因、精神状态的鉴定结论作详细的说明。控辩双方在法庭上还就鉴定的关键事实发问并阐述各自观点，让鉴定中的争议焦点一一“晒出”，为法官审案提供有价值的裁判依据。

刑事诉讼司法鉴定工作的另一难题，就是鉴定启动权由司法机关独享，而辩护律师不能委托鉴定。司法部《司法鉴定程序通则》第十一条明确规定：“司法鉴定机构应当统一受理办案机关的司法鉴定委托。”充分说明了启动鉴定是侦查机关的权力，彻底杜绝了辩护律师委托鉴定的可能。但是辩护律师也享有一定的救济权利，那就是根据刑事诉讼法的规定可以“申请重新鉴定或者勘验”。

本案中，涉及鉴定问题有两个焦点：一是鉴定主体不符合法律规定的问题，某民用爆破器材检测检验中心、某理工大学化学材料测试中心均不符合关于“应当委托在省级司法行政部门登记备案并列入鉴定人名册的有该类别鉴定资格的鉴定人进行鉴定”的法律规定，辩护律师提出该观点，一、二审法院均予以采纳。

二是鉴定结论不明确的问题，辩护律师从鉴定机构提供的鉴定依据入手，通过分析鉴定的程序、实验的方案、得出的结论性意见，找出该鉴定意见存在的不足及矛盾之处，既从程序上找出其不具备做鉴定的法定资质，也从实体上论述其鉴定本身存在的问题，从而说服法官采纳辩护律师的意见。最终检验报告不具有有效性，检察院的抗诉不能成立，被告人张某某得以轻判。

案例 9

罗某某涉嫌生产销售伪劣产品罪

杨　华

一、案情简介

四川省宜宾市翠屏区人民检察院起诉书指控：自 2012 年 12 月以来，被告人罗某某等人共同经营四川省宜宾市翠屏区某实业有限公司（以下简称公司）屠宰场生产线期间，雇佣被告人罗某、郭某等人进行生猪屠宰、分割、冷藏、销售等活动。在进行生猪屠宰经营活动期间，罗某某、华某指示和安排罗某在屠宰生猪过程中向猪肉注水，罗某按照罗某某的授意，在屠宰生猪时用水管向猪肉内注入自来水以增加猪肉重量和使猪肉颜色鲜嫩；注水后的猪肉经包装冷藏后，由郭某协助罗某某向重庆、广东、四川成都等地销售。2013 年 5 月 14 日，公安民警在屠宰场生产车间当场查获已注水生猪 22 头，查获两个冻库内已包装好的冷冻肉 999.8 吨。经对两个冻库冷冻肉抽样检验，三份抽检报告中两份抽检猪肉样品含水量超标，冻库内猪肉大部分为不合格产品。

二、公诉意见

公诉机关指控被告人罗某某、华某、罗某、郭某在生产和销售产品中以次充好，以不合格产品冒充合格产品，生产未销售的金额达 200 万元以上，其行为应当以生产销售伪劣产品罪追究其刑事责任。

三、法庭辩护

其一，事实之辩。

（一）被告在冻库内的产品只有 158.4 吨

1. 起诉书指控被告人两个冻库内产品为 998.2 吨，其依据是公安机关的扣押物品清单。但公安机关扣押上述物品时，根本没有实际清点货物，而是根据被告单位保管员张某某登记的入库表上的库存余额来认定的。而张某某于2011年开始担任保管员时，也没有实际清点核实货物的库存量，只是直接以前任保管员的报表上余额数量为依据进行统计，存在账物不符情况。另外，该报表上一共有三个货主的货物，一是广西宋老板的货，二是罗某某之前独自生产的货物，三是本案被告生产的货物。公安机关扣押物品包括上述三个人的全部产品，后全部移交给宜宾市畜牧兽医局保管。

2. 2014年9月，经区政府相关部门组织对扣押物品重新检验合格后，这些部门同意被告销售上述扣押货物，并由市畜牧兽医局监督销售，每销售一批货，都要由市动检所检验检疫合格后并开具检疫合格证，核实数量后方可出货。该扣押货物于2013年12月18日销售完毕，经核实，全部扣押库存货物为416.4吨，而属于本案罗某某的产品只有158.4吨。另有258吨系广西某人存放在冻库内，与罗某某无关。相关证据如下：

（1）扣押程序瑕疵，违反《公安机关办理刑事案件程序规定》，没有制作《扣押决定书》《扣押笔录》，未写明扣押地点、扣押物品的包装、商标、规格、型号（被告储存在冻库内的产品均由纸箱包装，上有产品名称、商标、生产厂家、数量等内容），未注明物品来源，致扣押物品与涉案物品缺乏同一性，依法不应当采信。

（2）罗某某当庭供述：公安机关扣押肉品不是当场清点，而是将保管张某某叫到公安机关后，根据入库表上的余额确定的扣押物品数量。

（3）张某某在宜宾市动物检验检疫站（以下简称动检站）证言：翠屏区公安分局扣押冻库肉品时，没有对冻库内品种、数量逐一盘点，而是将公司制作的入库单上反映的余额作为扣押数量，但公司库存产品的实际数量比账面上的数量少；库存中的物品有广西一个老板的货物，有罗某某以前个人经营的货物，还有公司罗某某、华某某、龚某某合伙的货物。

（4）市动检站提供的检疫证（共计34份）数量为158.4吨。

（二）控方提供的803、804抽样单不具有客观性、关联性、合法性，不具有证明能力

1. 805号抽样单以及SP（13）220637号检验报告，鉴定结论水分含量正常，无异议。

2. 803、804号抽样单不具备法定要素，应当排除。

二份抽样单共同存在的问题：均违反《产品质量监督抽查管理办法》（国家质量监督检验检疫总局令第 133 号，现已失效）规定：抽样填写不齐全，未填写型号规格、质量等级、产品类型、商标（被告生产的产品，均有纸箱包装，上印刷有品种、名称、商标等商品要素）；抽样地点不明确，不能确定抽样人员是否有资质。

3. 803 号抽样单：抽样地点不明确，在冻库还是生产车间？抽样单上注明抽样批次为：2013 年 5 月 14 日生产，即案发日期，公安机关于当日 23 时抓获被告时，在生产线上查获 22 头刚屠宰的生猪，当日根本没入库产品。而起诉书又认定：本案抽样均是对冻库内的产品进行抽样。故 803 的样品来源不清，且相互矛盾。故该抽样单不具有证明能力。另外，假若 803 抽样单有效，也只能证明 5 月 14 日生产的产品质量，而不能证明冻库内的产品水分含量。

4. 804 号抽样单抽样基数由委托单位确定，属于严重瑕疵。根据法律规定，抽样程序、抽样人员以及抽样单的填写有专业要求，委托单位显然不具备确定抽样基数的能力，且本案也无委托单位确定抽样基数量。如此检验结果只能对样品负责，也就是只能说明 500 克样品不合格。

5. 804 号抽样单得出的检验结果不应采信。依据 9695. 19—2008 抽样标准，804 号与 805 号抽样单均是对同一批次的产品，即 2013 年 5 月 14 日前生产的产品进行抽样。而这两份抽样单得出的检验结果，一份不合格，一份合格。根据法律规定，是不能得出一半产品合格，一半产品不合格的结论的。应当是要么全部合格，要么全部不合格。本着疑点归于被告原则，且抽样单存在严重瑕疵，所以 804 号抽样单应当依法排除。

（三）四川省质监站的《检验报告》

相关证据如下：

1. 因上述两份检验报告的样品依据是 803 号、804 号抽样单，前已说明此两份样品不具有证据能力，故以其作为检验依据只能对样品负责，不能证明全部冻库的涉案物品的水分含量。

2. 样品送检过程中，未注明检材送检环节的责任人；

3. 无检验机构和检验人的资质证明或者其他证明文件。

（四）被告冻库内的全部产品水分检验均为合格

相关证据如下：

1. 2013 年 8 月 2 日区政府第 × ×期《会议纪要》：在宜宾市翠屏区副区长、副区长兼公安局局长、公安分局（本案承办人）、区食品安全办、区工商局、区商务局、区检察院、区法院等共同参与下，决定由有资质的检验机构对分公司“5 · 14”案中封存冻库肉食品进行重新抽样检验，根据检验报告对涉案金额和数量进行确定，并由翠屏区食品安全办选择检验机构。

2. 抽样过程：2013 年 9 月 24 日，市动物卫生监督所、区公安分局、区检察院、区商务局、公司均派出工作人员全程监督了抽样过程，抽样地点为公司库房，确保了抽样的合法与公平，共抽取样品 7 份，见《抽样工作单》。

3. 2013 年 9 月 29 日，国家轻工业食品监督检测成都站（由区食品安全办选择的检验机构）作出 7 份《检测报告》，检测结论为“该批样品经我站按《畜禽肉水分限量》（GB 18394—2001）标准检测，所验项目检测结果符合标准规定”。

4. 市动物卫生监督所的两份文件［宜市动监（2013）第 × ×号文件］载明：2013 年 5 月 14 日，宜宾市公安局翠屏区分局在公司查获生产注水猪肉案件，公安机关对农副产品分公司库存冻猪肉同时予以查扣。6 月 3 日，公安分局将农副产品分公司库存冻猪肉移交给宜宾市畜牧兽医局管理处置，为确保畜产品质量安全，由宜宾市动物卫生监督所委托国家轻工业食品质量监督检测成都站对涉案冻猪肉进行水分抽样检测，为出具《动物检疫合格证明》提供合法有效的依据；2013 年 9 月 24 日，国家轻工业食品质量监督检测成都站派出两名具备采样资质的工作人员，在公司对“5 · 14”案中扣押冻猪肉进行了采样，按照区检察院、区公安分局意见，采样数量为 7 份，市动物卫生监督所、区检察院、区公安分局、区商务局、农副产品分公司分别派出工作人员全程监督采样过程，对采样过程均无异议；2013 年 9 月 29 日，国家轻工业食品质量监督检测成都站对 7 份采样样品作出《检测报告》显示，7 份样品水分含量测定值均在国家标准之内，为合格产品；根据 2013 年 7 月 29 日会议精神，农副产品分公司根据检测报告，向宜宾市动物卫生监督所申请对“5 · 14”案中查扣的冻猪肉出具检疫证明，准予销售；宜宾市动物卫生监督所根据对农副产品分公司日常监管、屠宰检验记录和本次水分抽样检测结果综合考虑，拟从 10 月 16 日起对公司“5·14”案中查扣的冻猪肉出具《动物检疫合格证明》，如有不同意见，请于2013年10月16日前函告宜宾市动物卫生监督所。

综上：9月29日重新检验，一是多部门参与监督抽样，确保了程序公正与合法；二是抽样份数更多，更能全面代表备检产品的质量；其鉴定结论应当采信。

（五）起诉书指控被告“以次充好、以不合格产品冒充合格产品”与事实不符

根据宜宾市动物卫生监督所提供的《动物检疫合格证明》以及宜宾市动物卫生监督所文件［宜市动监（2013）第××号］，证明了“5·14”案中查扣冻肉经检疫符合动物检疫合格标准。

（六）起诉书指控“2013年5月14日当场查获注水生猪22头”，证据不足

一无扣押清单，二无移交保管记录，三在同年9月的销毁记录为21头。

其二，行为性质之辩。

（一）本案是单位行为

根据2001年《全国法院审理金融犯罪案件工作座谈会纪要》规定：以单位名义实施犯罪，违法所得归单位所有的，是单位犯罪。认定单位故意犯罪，具体可从两个方面进行审查：

1. 从单位的成立形式和组织结构看，经过有权机关或组织（如工商局、上级主管部门等）审批、登记注册的社会经济组织等，可以认定为单位。

2. 单位故意犯罪的构成特征：一是犯罪意志的整体性，即单位故意犯罪是经单位集体研究决定或由负责人决定的；二是非法利益归属的团体性，即单位故意犯罪在客观上表现为为单位谋取非法利益的行为，或者违法所得实际归属于单位或股东。

1999年6月25日，《最高人民法院关于审理单位犯罪案件具体应用法律有关问题的解释》规定，以单位的分支机构或者内设职能部门的名义实施犯罪，违法所得亦归分支机构或者内设职能部门所有的，应当认定为单位犯罪。不能因为单位的分支机构或者内设机构、部门没有可供执行罚金的财产，就不将其认定为单位犯罪，而按照个人犯罪处理。

本案中，公司于2012年3月依法经工商登记成立，负责人为罗某某，公司承包给罗某某经营。同年9月，华某某、龚某某入伙该分公司。同年12月，罗某某个人决定对屠宰的生猪注水，为单位谋取非法利益，违法所得也归属于单位，其行为属单位行为。

（二）被告的行为不构成生产销售伪劣产品罪

本案罗某某的行为属于在产品中掺杂的行为。根据《最高人民法院、最高人民检察院关于办理生产、销售伪劣商品刑事案件具体应用法律若干问题的解释》第一条规定，刑法第一百四十条规定的“在产品中掺杂、掺假”，是指在产品中掺入杂质或者异物，致使产品质量不符合国家法律、法规或者产品明示质量标准规定的质量要求，降低、失去应有使用性能的行为。也就是说，行为人掺杂、掺假行为必须达到导致产品不符合国家法律法规相关质量标准要求，否则不构成生产销售伪劣产品罪。本案中，虽被告罗某某在生产中对产品有掺杂、注水行为，但鉴定结果其水分含量符合国家法律规定的小于或等于77%（因其在生产中只对少数老母猪注水，且注水量不大）。其屠宰的生猪及肉品品质经检疫检验也合格，没有达到刑法第一百四十条关于入罪的质量要求，故不构成生产销售伪劣产品罪。但其行为违反《生猪屠宰管理条例》第十五条的规定。

其三，其他从轻情节。

1. 被告罗某某生产的注水猪肉尚未出售，属未遂行为，社会危害性小。

2. 罗某某如实供述了案件事实，有悔罪表现。

3. 罗某某患有严重的Ⅱ型糖尿病，每天都要打四支胰岛素，并伴有严重的并发症，全身皮肤瘙痒溃烂，现长期住院治疗。

四、法院裁决

本案中，对于辩护律师提出的案件中扣押的实际货物只有416.4吨，其中258吨系广西宋老板存放的，实际属于罗某某的产品只有158.4吨，且扣押程序违反相关规定的辩护意见，认定公诉机关指控被告人的犯罪数量为999.8吨不准确，对辩护律师的该辩护意见予以采纳。

辩护律师提出的公诉机关出示的抽样单不具有客观性、关联性、合法性，不具有证明力，依据该两份抽验单作出的检验报告不具有合法性、客观性，不具有证明效力，后重新抽样检验均为合格产品，以及查扣的冻肉经检疫符合动物检疫合格标准，起诉书指控“以次充好，以不合格产品冒充合格产品”与事实不符的辩护意见，人民法院予以采纳，故指控被告人以次充好、以不合格产品冒充合格产品不准确，对辩护律师的该辩护意见予以采纳。

人民法院认定：根据《生猪屠宰管理条例》第十五条的规定，禁止对生猪及生猪产品注入水或其他物质，被告人罗某某等人对生猪注水违反了国家禁止性规定，属于在产品中掺杂、掺假的行为，符合生产销售伪劣产品的犯罪构成……罗某某等人对生猪屠宰后对生猪整体进行注水，降低了生猪产品的整体质量，生猪具体部位是否含有注水成分，不影响该生猪产品为伪劣产品的认定。

人民法院最后判决被告人罗某某犯生产销售伪劣产品罪，判处有期徒刑三年，缓刑五年，并处罚金人民币 5 万元，禁止在缓刑考验期内从事食品生产销售。

五、律师说法

辩护律师认为，被告人在生猪中少量注入自来水确实违反相关法律规定，应当受到相关法律处理。同时，从这个案子当中，我们法律人应当关注以下法律问题。

第一，律师在办理刑事案件中，如果有扣押的物品，一定要注意扣押程序是否合法、是否有瑕疵。要审查扣押物品是否违反《公安机关办理刑事案件程序规定》等规定，比如：执行查封、扣押的侦查人员是不是两个人，并出示有关法律文书；查封、扣押的情况是否制作笔录，由侦查人员、持有人和见证人签名；对查封、扣押的财物和文件，是否会同在场见证人和被查封、扣押财物、文件的持有人进行查点，当场开列查封、扣押清单一式三份，并写明财物或者文件的名称、包装、商标、规格、型号、产品名称、生产厂家编号、数量、特征及其来源等，由侦查人员、持有人和见证人签名；扣押的财物和文件是否妥善保管等。

第二，如果案件涉及抽样单、检验报告、鉴定意见书等证据，也要根据《公安机关办理刑事案件程序规定》等规定进行审查，审查该证据是否具有真实性、客观性、合法性。如：对于需要鉴定或检验的证据，要审查对该证据是否做好了检材的保管和送检工作；是否注明检材送检环节的责任人，确保检材在流转环节中的同一性和不被污染；鉴定或检验的证据是否正确填写名称、型号规格、质量等级、产品类型、商标、地点等要素；抽样地点和抽样来源是否明确；鉴定或检验证据鉴定人或检验人是否有资质、是否应当回避等。

上述两个问题直接影响到扣押物品与涉案物品是否具有同一性，直接影响该证据的真实性和客观性，影响该证据是否应当被采信，甚至影响被告人是否构成犯罪，所以我们一定要高度重视。

第三，要关注是否为单位犯罪，因为单位犯罪与个人犯罪对起点刑的规定是不同的，对被告人是否构成犯罪、量刑幅度都有很大影响。

第四，从本案中，也可以看出我们不能忽视相关行政管理方面的法律规定（如：本案中涉及的《生猪屠宰管理条例》等），这些规定都可能是影响被告人是否构成犯罪的关键点。

案例 10

大兴安岭系列特大猎捕杀害珍贵濒危野生动物案件

杨智泉

一、案情简介

犯罪嫌疑人张某系黑龙江省嫩江县人，因涉嫌非法收购、运输、出售珍贵、濒危野生动物，珍贵、濒危野生动物制品罪于2015年3月2日被内蒙古大兴安岭甘河森林公安局刑事拘留，2015年3月19日被执行逮捕。2015年7月，中央电视台《天网》栏目播放了为甘河森林公安局破获系列特大非法猎捕、杀害珍贵、濒危野生动物案件制作的专题片“最后一张紫貂皮”。9月2日，《天网》栏目对该专题片进行了重播；2015年12月10日，内蒙古鄂伦春自治旗人民法院〔2015〕鄂刑初字第×××号刑事判决书，以被告人张某非法收购、运输、出售珍贵、濒危野生动物，珍贵、濒危野生动物及其制品罪，判处有期徒刑3年，缓刑4年，并处罚金5万元。

根据2000年11月17日由最高人民法院审判委员会第1141次会议通过的《最高人民法院关于审理破坏野生动物资源刑事案件具体应用法律若干问题的解释》第一条之规定，涉案动物紫貂被列入《濒危野生动植物种国际贸易公约》附录一之中，属于国家一级保护野生动物。

二、公诉意见

2015年3月1日，家住内蒙古大兴安岭牙克石伊图里河林业局某林场的田某成（本案另一被告人），给居住在黑龙江省嫩江县嫩江镇的被告人张某打电话说自己有10多张紫貂皮欲出售，让其过来看看。张某于2015年3月2日坐火车来到伊图里河某林场的田某成家中，花6200元从其手中收购了9张紫貂皮；又从胡某廷（本案另一被告人）处花4800元收购6张紫貂皮和2只紫貂死体；从张某某（本案另一被告人）处花730元收购

1 张紫貂皮；从孙某明（本案另一被告人）处花 700 元收购 1 张紫貂皮。张某在携带上述收购的紫貂皮乘坐长途客车欲返回嫩江，行至甘河林业局西木材检查站时被甘河森林公安局森保大队民警查获。张某到案后如实供述了出售紫貂皮的相关涉案人员，并检举揭发鄂伦春自治旗的被告人靳某红曾欲向其出售猞猁一事。靳某红非法猎捕杀害珍贵濒危野生动物的犯罪事实，因此线索被公安机关查证属实。

公诉机关认为，被告人张某的行为触犯了《中华人民共和国刑法》第三百四十一条第一款的规定，构成非法收购、运输、出售国家重点保护的珍贵、濒危野生动物及其制品罪，应当被依法追究刑事责任。被告人张某到案后揭发了靳某红非法猎捕杀害珍贵濒危野生动物猞猁的犯罪行为，且已查实，具有刑法第六十八条规定的立功情节，可以从轻或者减轻处罚。根据《中华人民共和国刑事诉讼法》第一百七十二条的规定，提起公诉，请依法判处。

三、法庭辩护

笔者接受本案被告张某亲属的委托并征得被告人本人同意，作为被告人张某的辩护人，依法参与了案件的审理，经查阅卷宗，会见被告人，在做了充分的准备工作后，参加法庭庭审活动。其中辩护意见主要有以下几个方面。

（一）关于鉴定书的质证意见

本案被告被抓捕时查获的物品是属于国家一级保护野生动物紫貂皮 17 张及死体 2 只。根据刑法第三百四十一条的规定，非法猎捕、杀害国家重点保护的珍贵、濒危野生动物的，或者非法收购、运输、出售国家重点保护的珍贵、濒危野生动物及其制品的，处五年以下有期徒刑或者拘役，并处罚金；情节严重的，处五年以上十年以下有期徒刑，并处罚金；情节特别严重的，处十年以上有期徒刑，并处罚金或者没收财产。又根据《最高人民法院关于审理破坏野生动物资源刑事案件具体应用法律若干问题的解释》第五条的规定，价值在二十万元以上的属于“情节特别严重”的情形，如果涉案物品鉴定后价值在十万元以上或二十万元以下的，其量刑应该处五年以上十年以下有期徒刑，并处罚金。情节特别严重的，在处十年以上有期徒刑，并处罚金或者没收财产的有期徒刑幅度内确定量刑。

本案被告张某涉案紫貂皮及死体经过鉴定后价值为11.5万元。因此，张某的行为是否构成情节严重或者情节特别严重就是本案关键所在，也是辩护人的重要工作，而对物品鉴定的整个活动特别是价值认定就是工作的重点之一。

本案由公安机关委托某森林公安司法鉴定中心对涉案17张野生紫貂皮及2只死体的种属、保护级别、价值进行鉴定。经过查询，该鉴定机构某森林公安司法鉴定中心网站内容显示，其鉴定业务包括痕迹检验、理化检验、文件检验、声像资料、电子物证、心理测试等类。

该森林公安司法鉴定中心的该鉴定书由前言、检验、论证、鉴定意见、附录共5个部分组成，鉴定人一人签名，并加盖了鉴定中心的鉴定专用章。在该鉴定书的论证部分，依据了《林业部关于在野生动物案件中如何确定国家重点保护野生动物及其产品价值标准的通知》中的部分内容。该鉴定书“附”的部分内容是：（1）鉴定委托书扫描件；（2）部分实物照片。

因该份鉴定书只依据了《林业部关于在野生动物案件中如何确定国家重点保护野生动物及其产品价值标准的通知》，再没有引用其他任何法律依据。因此，对鉴定机构的资质、鉴定人员资质、鉴定程序、制定工作方案、实物（实地）勘验的要求、价值鉴定分析测算、价格鉴定结论书、鉴定限定条件、声明或说明、对鉴定结论不服如何申请重新鉴定的程序等均没有相关规定和告知等的说明。实践中，公安部于2005年12月29日颁布的《公安机关鉴定机构登记管理办法》规定，鉴定人员应在2名或2名以上，并指定主办人员。价格鉴定小组人员应持有相应的《鉴证人员证书》。根据以上事实和相关规定，辩护人首先就该鉴定书发表了如下质证意见：

1. 从该森林公安司法鉴定中心网站显示的鉴定业务内容看：鉴定机构没有承揽特定鉴定业务即价格或价值鉴定资质作出价值鉴定，违反了法律规定，其出具的鉴定意见不具有法律效力，不应作为定案的依据；

2. 该鉴定书没附鉴定机构《鉴定机构资格证书》和《鉴定人资质证书》，程序违法，要求鉴定人和鉴定机构出具鉴定人和鉴定机构的鉴定资质证书；

3. 该鉴定书没有认定过程及方法，鉴定程序违法；

4. 鉴定书中只有一名鉴定人，且没有附相应的资质证书，违反了刑事诉讼法第一百四十四条规定，鉴定程序违法，结论不认可；

5. 鉴定委托书的真实性存在异议；

6. 用部分实物照片做鉴定，缺乏科学性。在缺乏实物证据的情况下，仅通过照片不能准确判断被猎杀的野生动物的种类，可信度低；

7. 没有明确价值鉴定基准日。

（二）张某检举他人犯罪，具有法定从轻减轻处罚情节

经过辩护人会见嫌疑人，并了解其有已如实供述犯罪事实，具有坦白的情节。通过会见，还了解到张某称掌握其他人有非法猎捕、杀害珍贵、濒危野生动物的犯罪线索，自己不知道该不该说。辩护人将我国刑法第六十八条“犯罪分子有揭发他人犯罪行为，查证属实的，或者提供重要线索，从而得以侦破其他案件等立功表现的，可以从轻或者减轻处罚”的规定，以及相关司法解释中关于检举揭发他人犯罪、构成立功表现将是减少量刑的法定条件向张某进行了详细的分析讲解。张某了解了我国关于自首、立功的相关规定的内容后，当即表示要立功，检举揭发其他犯罪人员，并请求辩护人将张某要求检举揭发他人犯罪情况的想法转达给侦查机关。通过张某提供的线索，侦查机关又将另外嫌疑人靳某红抓捕归案，对张某检举的内容及嫌疑人进行讯问后正式立案。张某检举他人犯罪的行为具备两个要件：（1）揭发他人的犯罪行为；（2）揭发的行为已经达到犯罪标准，并经查证属实，得到了检察院认可并在起诉书中体现出来。

（三）被告人张某具有自首情节

被告人张某在公安机关例行检查中被发现携带紫貂皮后，如实供述自己收购紫貂皮的犯罪事实，应当认定为自首。被告人被公安机关传唤后如实供述自己的犯罪事实，属于视为自动投案的类型。相较于标准自首，其自首情节轻的比例应当略低，但相较于坦白情节，又反映被告人悔悟更早，价值也更高，故应当略高于坦白情节轻处的比例。根据《人民法院量刑指导意见（试行）》的规定，对于自首情节，综合考虑投案的动机、时间、方式、罪行轻重、如实供述罪行的程度以及悔罪表现等情况，可以减少基准刑的40%以下。具有坦白情节的，可以减少基准刑的20%以下。合议庭综合考虑被告人自首的具体情节，确定对被告人轻处25%。

四、法院裁决

鄂伦春自治旗人民法院对本案审理后认为：被告人张某收购、运输珍贵、濒危野生动物及其制品，其行为构成非法收购、运输、出售国家重点保护的珍贵、濒危野生动物及其制品罪，公诉机关指控的罪名成立。被告人张某被抓获后如实供述犯罪事实，具有坦白情节，检举揭发他人犯罪，经查证属实，具有立功表现，可从轻处罚。辩护人的此点辩护意见予以采纳，可对被告人从轻处罚。被告人积极缴纳罚金，具有悔罪表现，适用缓刑对所居住的社区没有重大不良影响和再犯罪危险。经本院审判委员会讨论决定，判决如下：被告人张某非法收购、运输、出售国家重点保护的珍贵、濒危野生动物及其制品罪，判处有期徒刑 3 年，缓刑 4 年，并处罚金 5 万元。

宣判后，在法定期间内，被告人张某及其他几名被告均没有上诉，检察机关也没有提出抗诉。

五、律师说法

野生动物是生物的多样性和自然生态系统的重要组成部分，在维护生态平衡、保障人类生存环境等方面具有不可替代的作用。大兴安岭原始森林面积广阔，野生动物种类繁多，包含多种国家重点保护动物。近年来，虽然国家加大了对野生动物的保护力度，鄂伦春自治旗旗委、旗政府也于 1996 年 1 月 23 日正式颁布禁猎通告，决定在全旗范围内实施禁猎，并收存猎民枪支弹药。但在经济利益的诱惑下，某些犯罪分子仍然铤而走险，利用各种手段非法猎捕、杀害野生动物，出售野生动物及制品，导致涉野生动物类犯罪时有发生。本案并不像抢劫、杀人、贩毒等性质恶劣、具有极大的社会危害性的刑事案件那么受社会的高度关注，但在全国各林区特别是涉案这么多野生国家一级保护动物紫貂、国家二级保护动物猞猁的案件，还是引起当地社会的很大震动。因此，中央电视台也先后两次播放了为本案制作的专题片，以警示观众引以为戒，起到了良好的警示作用和教育作用。

本案中，被告人张某等人无视国家法律、政策，猎捕、猎杀、非法收购、运输、出售国家重点保护的珍贵、濒危野生动物及其制品，人民法院严格按照相关法律法规，在对被告人依法判处有期徒刑的同时，依法判令并处罚金 5 万元。判决结果彰显了国家保护野生动物资源的决心与力度，让人民群众认识到法律底线不可触碰，取得了良好的法律效果和社会效果。

案例 11

丁某某涉嫌受贿罪、挪用公款罪

杨　涛（山东）

一、案情简介

某某市广播影视总台党组书记、台长犯罪嫌疑人丁某某因涉嫌受贿被纪委审查，2015 年 3 月 30 日因涉嫌受贿罪、挪用公款罪被某某市人民检察院刑事拘留，同年 4 月 15 日，某市人民检察院决定对其实施逮捕，同日某某市公安局对其执行逮捕。该案移送审查起诉。

某某市人民检察院指控事实如下：

1. 2006 年 5 月，犯罪嫌疑人丁某某利用担任某某市广播电视局局长职务之便，私自将公款 200 万元借给某某市某某锻压机床有限责任公司经理王某使用，用于其企业经营性活动。

2. 2006 年 6 月，犯罪嫌疑人丁某某利用担任某某市广播电视局局长职务之便，私自将公款 200 万元借给某某市某某锻压机床有限责任公司经理王某使用，用于其企业经营性活动。

3. 2007 年 10 月，犯罪嫌疑人丁某某利用担任某某市广播电视局局长职务之便，私自将公款 100 万元借给某某市某某锻压机床有限责任公司经理王某使用，用于其企业经营性活动。

二、公诉意见

犯罪嫌疑人丁某某利用职务之便，挪用公款 500 万元给他人使用，进行营利活动，其行为已经触犯《中华人民共和国刑法》第三百八十四条的规定，涉嫌挪用公款罪。

三、法庭辩护

本案进入审查起诉阶段，辩护律师通过详细阅卷，制作阅卷提纲、案情分析表、案件事实对比等书面材料，全面分析，发现丁某某挪用公款罪不成立，为此撰写相关法律意见书。

就犯罪嫌疑人丁某某涉嫌受贿、挪用公款案中挪用公款案一事，向某某市人民检察院提出法律意见如下：

某某市广播电视局与某某市某某锻压机床有限责任公司的行为属于单位之间拆借资金的行为，犯罪嫌疑人丁某某的行为不符合挪用公款罪的犯罪构成要件，不应以挪用公款罪追究其刑事责任。

根据本案卷宗材料反映，本案的基本事实是：

1. 2006 年 5 月 16 日，丁某某将公款 200 万元借给某某市某某锻压机床有限公司用于资金周转，但同年 5 月 31 日，某某市某某锻压机床有限公司将案涉 200 万元还给某某市广播电视局，历时 15 天（没有超过三个月）。

某某市广电局财务科科长马某某证实并且复印提供的账目有：2006 年滕州市广电局明细账，科目名称某某锻压机床有限公司；2006 年 5 月付 13 号凭证和 2006 年 5 月收 4 号凭证及附件，总计 8 页，具体说明 2006 年某某广电局与某某锻压机床有限公司的资金往来情况。马某某复印提供的滕州市广电局 2006 年其他应收款账簿及相关凭证能够充分证实，2006 年 5 月，某某市广电局借给锻压机床有限公司 200 万元财务账，此笔借款计入其他应收款，2006 年 5 月借款归还，账已经冲平。2006 年 5 月付 13 号凭证，是 2006 年 5 月 16 日某某市广电局借给某某锻压机床有限公司 200 万元，某某锻压机床有限公司会计邵某某开具的收据（No. 6079461），某某市广电局给某某锻压机床有限公司开具一张 200 万元的建行转账支票（支票号：04907665）。

2006 年 5 月收 4 号凭证是 2006 年 5 月 31 日，某某锻压机床有限公司还某某市广电局 200 万元，邵某某交给马某某现金缴款单，马某某给邵某某开具了收据（No. 0036017）。当时某某锻压机床有限公司那边将这 200 万元存入某某市广电局信用社账户（账户号：20100180986），归还了该笔借款，邵某某拿着现金缴款单找马某某开具了收据。这笔借款，王某用了十几天就还上了。

2. 2006 年 6 月 14 日，丁某某将公款 200 万元借给某某市某某锻压机床有限公司用于资金周转，但同年同月 24 日，某某市某某锻压机床有限公司将这200万元还给某某市广播电视局，历时10天（没有超过三个月）。

某某市广电局财务科账册载明：2006年6月，某某市广电局通过信用社账户借给某某锻压机床有限公司200万元的银行进账单，以及某某锻压机床有限公司会计邵某某给广电局开具的收据（No. 5657441）。这200万元是2006年6月某某市广电局借给某某锻压机床有限公司的借款。证人某某市广电局财务科科长马某某证实："这笔借款没有入我们单位（即某某市广电局）的账。因为我准备入账时，某某锻压机床有限公司已经把这笔钱还上了，丁某某局长安排我把借据还给某某锻压机床有限公司，因为原借据交给了鲁南锻压公司，我也没有将此笔借款还款记账。"

3. 2007年10月12日，丁某某将公款100万元借给某某市某某锻压机床有限公司用于资金周转。同年同月16日，某某市某某锻压机床有限公司将这100万元还给某某市广播电视局，历时4天（没有超过三个月）。

证人某某市广电局财务科科长马某某证实：2007年10月12日，按照丁某某的安排，我借给丁某某100万元，当时王伟具体经办，我给他开具了一张转账支票（支票号：08464259），王伟在支票存根上签字。2007年10月17日，会计邵某岚给我开具了一张鲁南锻压机床有限公司的转账支票，丁某某安排我直接把借据还给王彬。这笔钱通过银行实际支付给了王彬，王彬也通过银行归还了这笔钱。广电局建行账户37001646844050××××336上有相应的银行交易记录。

除以上实事之外，犯罪嫌疑人丁某某陈述，2005年，王某某所在的某某市鲁南锻压机床有限公司曾经赞助某某市广播电视局43万元。该笔款项被用于某某市市委、市政府安排某某市广播电视局具体负责的第二届红荷节的"中韩名家书画邀请展"等活动。王某某所在公司的赞助行为从小处说，支持了某某市广播电视局工作的正常开展；从大处讲，也为某某市市委、市政府举办的第二届红荷节的圆满闭幕作出了其应有的贡献。另外，某某市广播电视局因购买机器设备向某某市农村信用社贷款200万元，因某某市广播电视局资金周转困难，某某市广播电视局曾经借过某某市某某锻压机床有限公司150万元的资金，用于过桥还贷款。（上述证据材料存在于某某市广播电视局的财务账册。）

在本案中，犯罪嫌疑人丁某某的行为不符合刑法第三百八十四条挪用公款罪的构成要件。

第一，刑法第三百八十四条规定："国家工作人员利用职务上的便利，挪用公款归个人使用，进行非法活动的，或者挪用公款数额较大、进行营利活动的，或者挪用公款数额较大、超过三个月未还的，是挪用公款罪，处五年以下有期徒刑或者拘役；情节严重的，处五年以上有期徒刑。挪用公款数额巨大不退还的，处十年以上有期徒刑或者无期徒刑。

"挪用用于救灾、抢险、防汛、优抚、扶贫、移民、救济款物归个人使用的，从重处罚。"

就本案而言，作为国家工作人员的丁某某挪用公款归个人使用属实，但是，涉案公款只是用于企业资金周转（短期过桥资金），没有用于非法活动，且涉案公款都在短时间内归还给某某市广播电视局，最长时间不超过半个月。三次中任一次用款时间都没有超过三个月。故其行为不符合挪用公款罪的犯罪构成要件。

第二，《最高人民法院关于审理挪用公款案件具体应用法律若干问题的解释》第二条中规定：挪用公款数额较大，归个人进行营利活动的，构成挪用公款罪，不受挪用时间和是否归还的限制。在案发前部分或全部归还本息的，可以从轻处罚；情节轻微的，可以免除处罚。

就本案而言，丁某某挪用公款的行为没有影响生产、经营，也没有给所在单位造成严重损失，且据丁某某陈述，由于涉嫌挪用公款，某某市广电局在2006年、2007年审计局的审计和财政局的财务大检查中，已经受到处理。丁某某的行为即使是犯罪行为，但是从本案的情况来看，其犯罪情节轻微，且该行为已经受过相关职能行政部门的处理，故依法可以对其免除处罚。

就本案而言，丁某某虽然曾经借给某某市某某锻压机床有限公司三笔资金用于企业周转，但是根据丁某某的供述、证人马某某、邵某某、王某的证言及相关财务账册证明，这三笔资金用款时间都不长，符合单位之间拆借资金的行为的特征，且某某市广播电视局因为这三次资金拆借已经受过相关行政职能部门（审计局、财政局）的处罚，故丁某某的行为不应定性为挪用公款罪。

第三，《全国法院审理经济犯罪案件工作座谈会纪要》规定，经单位领导集体研究决定将公款给个人使用，或者单位负责人为了单位的利益，决定将公款给个人使用的，不以挪用公款罪定罪处罚。上述行为致使单位遭受重大损失，构成其他犯罪的，依照刑法的有关规定对责任人员定罪处罚。

就本案而言，有证据证明因为王某所在的某某市某某锻压机床有限公司曾经无偿赞助过某某市广播电视局举办红荷节活动，还曾经为某某市广播电视局的贷款垫付过资金，王某所在的公司大力支持了某某市广播电视局的工作开展。当王某所在的公司需要短期借款时，丁某某出于上述事实及理由，以某某市广播电视局的名义借钱给某某市某某锻压机床有限公司，其行为合情、合理，虽然不合法，但丁某某没有为其个人谋私利。基于上述事实情况，辩护人认为丁某某的行为也不应定为挪用公款罪。

四、律师说法

（一）在认定挪用公款罪上，司法机关应当坚持罪刑法定原则

刑法第三条规定，法律明文规定为犯罪行为的，依照法律定罪处刑；法律没有明文规定为犯罪行为的，不得定罪处刑。该原则要求：行为人的行为构成犯罪必须有法律明确规定，犯罪构成要件是行为人的行为是否构成犯罪的法定标准，而不仅仅是看行为有什么样的社会危害后果以及社会危害后果是否严重。通俗地说，就是对某种危害社会的行为是否认定为犯罪行为以及是否给予刑罚处罚、给予什么样的刑罚处罚，都必须以法律的明文规定为准。在形式上，刑法应当是成文法，而非习惯法；在实质上，刑法规范必须明确具体，具有合理性，禁止含混模糊、处罚不当的行为。

挪用公款罪属于非常典型的法定犯，而非自然犯。依据刑法第三百八十四条规定，国家工作人员利用职务上的便利，挪用公款归个人使用，进行非法活动的，或者挪用公款数额较大、进行营利活动的，或者挪用公款数额较大、超过三个月未还的，是挪用公款罪。挪用公款侵犯了公共财产所有权。同时在一定程度上也侵犯了国家的财经管理制度。挪用公款罪在主观方面表现为故意，行为人明知是公款而故意挪作他用，其犯罪目的是非法取得公款的使用权。但其主观特征，只是暂时非法取得公款的使用权，打算以后予以归还。在客观方面表现为行为人实施了利用职务上的便利，挪用公款归个人使用，进行非法活动，或者挪用数额较大的公款进行营利活动，或者挪用数额较大的公款超过三个月未还的行为。

另外，并非所有的挪用公款行为都构成犯罪。认定挪用公款罪与非罪

的关键，是看该挪用公款行为是否属于法定的挪用公款行为。具体来说，是看该行为是否属于法定的挪用公款而构成犯罪的行为范围，除此范围之外的其他挪用公款行为，应视为挪用公款的一般违法行为。

（二）在处理职务犯罪过程中应正确把握违纪、职务违法和涉嫌职务犯罪问题

根据全国人大常委会关于刑法第二百九十四条第一款的解释的规定，要注意区分罪与非罪界限，切实提高办案质量。各级人民检察院在办理案件时，要严格依法进行，严格区分罪与非罪，此罪与彼罪的界限，切实保证办案质量。要特别注意区分黑社会性质组织犯罪与一般犯罪集团、流氓恶势力团伙违法犯罪的界限，挪用公款犯罪与单位之间违反财经纪律拆借资金行为的界限，做到办案的法律效果和社会效果的有机统一。就本案而言，丁某某所在的某某市广电局与某某市某某锻压机床有限公司之间的行为就属于资金拆借行为，该行为违反了财经纪律，但不属于犯罪行为。

案例 12

胡某进涉嫌贩毒罪，获从轻处罚

杨　涛（山东）

一、案情简介

被告人胡某进自 2004 年 5 月至 2005 年 11 月期间，先后运输毒品甲基苯丙胺 14000 克，贩卖甲基苯丙胺 5488.16 克，贩卖甲基苯丙胺片剂 20 粒。2015 年 11 月 23 日，因涉嫌贩卖毒品罪被某市公安局刑事拘留。同年 12 月 25 日，经某市人民检察院批准逮捕，同日某市公安局执行逮捕。

二、公诉意见

公诉机关指控如下：

1. 2015 年 3 月至 10 月，被告人黄某清在江西省吉安市多次将 14000 克甲基苯丙胺（俗称冰毒）贩卖给被告人胡某进、闫某。被告人胡某进驾驶车辆将上述 14000 克甲基苯丙胺先后运送至安徽省及江苏省，其中被告人闫某参与运输 11000 克。

2. 被告人胡某进、闫某共同贩卖毒品。2015 年 11 月 23 日，公安机关从胡某进家中搜查并扣押甲基苯丙胺一宗，经称量共计 3782.16 克。

3. 2014 年 10 月至 2015 年 4 月，被告人闫某多次将 4258 克甲基苯丙胺贩卖给被告人胡某进。2014 年 9 月至 2015 年 10 月，被告人闫某多次将 4258 克甲基苯丙胺贩卖给杨超。

4. 2014 年 6 月至 2015 年 8 月，被告人胡某进多次将 250 克甲基苯丙胺和 20 粒甲基苯丙胺（俗称麻古）贩卖给安某文。

5. 2015 年 3 月至 10 月，被告人胡某进多次将 600 克甲基苯丙胺贩卖、运输给李某。

6. 2014 年 5 月至 2015 年初，被告人胡某进多次将 116 克甲基苯丙胺贩卖、运输给王某。

7. 2014 年底至 2015 年底，被告人胡某进、王某、陈某洋、计某佳多次贩卖、运输甲基苯丙胺共计 700 克。其中被告人计某佳参与贩卖 600 克。

8. 2014 年 11 月至 2015 年 11 月，被告人王某多次将 60 克甲基苯丙胺贩卖给被告人时某，其中 40 克系被告人胡某进和王某共同贩卖。

9. 2015 年 8 月至 11 月，被告人安某文多次介绍被告人赖某锋将 500 粒甲基苯丙胺片剂贩卖给被告人胡某进。2015 年 11 月 27 日，公安机关从安某文住处及办公室搜查并扣押甲基苯丙胺 6. 51 克、甲基苯丙胺片剂 0. 47 克。

综上所述，被告人黄某清贩卖甲基苯丙胺 14000 克；被告人胡某进运输甲基苯丙胺 14000 克，贩卖甲基苯丙胺 5488. 16 克，贩卖甲基苯丙胺片剂 20 粒；被告人闫某运输甲基苯丙胺 11000 克，贩卖甲基苯丙胺 8255. 16 克，应当以贩卖运输毒品罪追究其刑事责任。

三、法庭辩护

笔者接受本案被告人胡某进及其家人的委托，担任其涉嫌贩卖毒品一案的辩护人。接受委托后，辩护人多次会见被告人并仔细查阅了相关卷宗材料，通过法庭调查查明的事实以及听取了公诉人的公诉意见，现提出如下辩护意见。

（一）关于起诉书指控的第一起被告人胡某进的犯罪事实

辩护人认为：起诉书指控被告人黄某清将 14000 克甲基苯丙胺贩卖给胡某进无事实依据，且没有证据予以支持。恰恰相反，本案有证据证实冰毒的购买者为本案被告人闫某。

1. 本案在侦查、审查起诉及法庭审判阶段，本案被告人黄某清、闫某均拒不交代其犯罪事实。被告人胡某进则是在其被办案机关第一次讯问时至本案法庭公开审理期间，均如实供述了其替被告人闫某跑腿，到江西省吉安市购买甲基苯丙胺的事实。但是购买甲基苯丙胺的费用都是被告人闫某所出。犯罪嫌疑人胡某进使用的任某强支付宝交易记录（共 8 页）、郭某的银行卡交易明细反映：2015 年 7 月 14 日，闫某在安徽省临泉县光明路支行通过 ATM 机存款 9550. 25 元、9751. 24 元、995. 02 元。同日，胡某进在江西省吉安市分行营业室通过 ATM 机取款共计 2 万元，该证据足以证明系被告人闫某出资购买冰毒。

综上所述，结合本案被告人陈述及本案的相关银行交易明细，公诉方没有确实有效的证据证明被告人胡某进出资购买冰毒，相反本案有事实有证据证实胡某进只是受人指使运输毒品，只起辅助作用。

2. 起诉书指控被告人胡某进于2015年3月至10月，驾驶车辆将上述14000克甲基苯丙胺先后运送至安徽省及江苏省，事实不清、证据不足。

第一，本案被告人胡某进的供述系孤证，不能作为本案的定案根据。如上所述，本案被告人黄某清、闫某均拒不承认有贩卖、购买冰毒的事实，仅有被告人胡某进的供述，他们之间的供述与辩解不能相互印证。

第二，本案公诉方举证的相关书面材料也不能证明被告人胡某进有运输14000克毒品的事实。

另外，公诉方举证的侦查卷0000675—682页犯罪嫌疑人胡某进使用的任某强支付宝交易记录（共8页）、户名为郭某的银行卡交易明细，所反映的其在安徽临泉存款与在江西吉安的取款时间与胡某进驾车去江西省的时间不能相互印证。

第三，公诉机关指控的14000克冰毒没有实物，不能排除涉案毒品非甲基苯丙胺的可能。况且即使被告人胡某进运输的毒品为甲基苯丙胺，但是，某某市公安局刑科所鉴定的从胡某进租住房中违法搜查出来的毒品中有一部分不含有甲基苯丙胺，本案公诉方所指控的胡某进运输的甲基苯丙胺同样也不能排除其中含有假毒品的合理怀疑。

退一步讲，即便是被告人闫某在侦查卷0000198页的讯问笔录，可以作为定案的依据，那么口供之间可以相互印证的也只是2015年8月的6公斤和2015年10月的5公斤，共计11000克；对于2015年3月的3公斤，公诉方没有举证，没有足够的证据予以证实。

（二）关于起诉书指控的胡某进的犯罪事实

首先，辩护人认为起诉书指控被告人胡某进与闫某共同贩卖毒品事实错误，依法应不予认定。

1. 根据本案的案卷材料，本案有证据证实自2015年以来，被告人闫某指使被告人胡某进以快递的方式多次给他人邮寄冰毒，而不是共同贩卖毒品。

所谓共同贩卖，是指共同出资购买、销售，销售所得以某种方式进行分配。而本案中公诉方没有任何证据证明被告人胡某进与闫某共同出资购买了毒品。如前所述，胡某进本身没有资金购买冰毒（据被告人胡某进陈述：之前因做生意失败，又参与赌博，他在湖南省长沙市望城县丁字湾街道办事处已经欠了巨额债务，因被追债，所以才不得已到外地躲债）。胡某进仅仅是按照闫某的指使，用闫某给他的钱购买毒品。故公诉方指控被告人胡某进与闫某共同贩卖毒品，该起指控事实错误。

2. 公诉方指控2015年11月23日，公安机关从胡某进家中搜查并扣押甲基苯丙胺一宗，经称量共计3782.16克，公安机关办案程序严重违法，依法应不能作为本案的定案根据。

具体理由是：公诉方所依据的事实及相关证据材料取证程序违法、鉴定程序严重违法，其所鉴定的毒品无法证明合理来源（涉案甲基苯丙胺不能证明系从胡某进租住房处所得）。

辩护人认为：公诉方举证的有关该起犯罪事实的被告人胡某进、郭某的供述与辩解，侦查卷0000495—496页搜查笔录，侦查卷000610、611、612、613页（胡某进）扣押清单以及侦查卷0000620—624页某某市公安局刑事科学技术研究所检验报告既不具有合法性，也不具有真实性，依法不能作为定案的根据。理由如下：

（1）被告人胡某进首次讯问笔录与办案机关所作的被告人胡某进第13次讯问笔录不能相互印证，且办案机关对被告人胡某进的第一次讯问笔录取证程序违反刑事诉讼法的相关规定，不能作为本案的定案根据。

（2）侦查卷0000495—496页搜查笔录，侦查卷000610、000611、000612、000613页（胡某进）扣押清单不具有真实性，也不具有合法性，依法不能作为定案的根据。

第一，某某市锡山区安贞派出所的协警朱某、胡某，民警俞某、浦某杰、沈某华的证言证实，上述民警协助某某警方去了胡某进的租住房两次，有的是上午去的，有的是晚上去的。但是侦查卷0000495—496页搜查笔录却只记录了一次所谓的搜查过程，协警朱某只是见证了本次搜查的后半部分，但是某某市警方却人为地让朱某见证了整个搜查过程，故本案的搜查笔录与办案机关实施的实际侦查行为明显不符。该搜查笔录不能反映完整、系统的搜查过程，该搜查笔录不具有真实性，进而导致毒品来源不明。

第二，2015 年 11 月 23 日上午第一次抓获被告人胡某进因情况紧急，办案人员没有搜查令，情有可原。但是，在 2015 年 11 月 23 日晚上 8 点钟左右，办案机关在已经控制了被告人胡某进、郭某的情况下，却没有办理合法搜查程序，径直到胡某进租住房内实施搜查，其搜查行为明显违法。

第三，搜查笔录所搜查出的毒品没有进行合法现场称重，且搜查笔录所搜查出的毒品与办案机关扣押笔录记载的扣押毒品明显不一致。某某市人民检察院制作的补充侦查提纲已经指出了办案机关的不真实之处，办案机关至今没有作出合理合法的解释，且其解释仍然不能证明其侦查行为符合《公安机关办理刑事案件程序的规定》和刑事诉讼法的规定。

检察院关于黄某清、胡某进等 9 人贩卖毒品、容留他人吸毒案补充侦查提纲，要求办案机关补充提供以下证据足以证明上述事实。该补充侦查提纲如下：扣押的物品照片，至少要有扣押的冰毒照片。（因扣押毒品数量与检验数量有出入，并且称重录像并没有体现出扣押冰毒的来源与整体情况，无法证实扣押毒品的特征。）押物品描述出入较大，请合理说明。（胡某进搜查笔录中显示搜查出疑似毒品 39 袋，而扣押清单中显示扣押毒品 40 袋，检验报告中检材和样品共 59 袋，并且特征描述多有不同。搜查显示麻古颗粒 2 袋，而扣押清单中麻古颗粒 4 小包、215 粒，检验报告中麻古为 216 粒。）

侦查卷 000999—0001001 页某某市公安局补充侦查报告书（滕公补侦字〔2016〕00014 号）载明：现已提供了在刑警二中队办案区对扣押的犯罪嫌疑人胡某进的冰毒照片；现已出具了从胡某进处扣押的物品检验报告书中检材与扣押物品描述出入较大的办案说明。但是，辩护人认为公诉方出示的证据仍然不能排除合理怀疑。

侦查卷 0001150—1152 页关于黄某清、胡某进等 10 人贩卖毒品、容留他人吸毒案补充侦查提纲如下：对从嫌疑人胡某进处扣押的冰毒进行的鉴定，虽然已经作出相关补充说明，但是仍然不能证实多出的冰毒从何处而来，需要相关办案人员出庭作证；取得搜查、扣押胡某进相关物品时的见证人朱某、胡某的证言；郭某与胡某进的物品为同时进行搜查扣押，搜查时见证人朱某，与郭某扣押清单的见证人胡某说法不一致，请说明原因。

某某市公安局补充侦查报告书（滕公补侦字〔2016〕00033 号）对此的回复，更进一步证明了办案机关的侦查行为违反相关法律规定：……侦查员在第一次搜查胡某进的住所时俞某在场，第二次搜查胡某进的住所时浦某杰在场，朱某在办案区内见证了侦查员对胡某进的物品扣押，胡某在办案区内见证了侦查员对郭某的物品的扣押。办案机关实施了两次搜查，而搜查笔录却只记载了一次搜查。

第四，搜查笔录见证人朱某、胡某不具备见证人资格，其所作的见证违反法律规定。

本案有证据证明见证人朱某、胡某当时的身份是无锡市锡山区安镇派出所的协警；朱某、胡某他们作为见证人违反刑事诉讼法第六十七条的规定，即行使勘验、检查、扣押等刑事诉讼职权的公安、司法机关工作人员或其聘用人员不得作为见证人。

（3）侦查卷 000610、000611、000612、000613 页（胡某进）扣押清单不具有真实性，也不具有合法性，依法不能作为定案的根据。

另外，本案的见证人胡某系办案机关错误指认。胡某当时本来在安镇派出所看押郭某，其没有出现在案发现场，胡某却又在扣押笔录上签字。胡某的签字更能印证该扣押笔录既不具有真实性，又不具有合法性。故扣押笔录依法不能作为本案的定案根据，应该作为非法证据予以排除。

（4）侦查卷 0000620—624 页某某市公安局刑事科学技术研究所检验报告同样不具有真实性、合法性，依法也不能作为本案的定案根据。

具体理由如下：

第一，《理化检验报告》的检验机关和检验人不具有法定的资质。

公诉方所提供的检验机构的《鉴定机构资格证书》和鉴定人的《鉴定人资格证书》，无法证明鉴定机构和鉴定人具有可以进行毒品检验的合法资质，更无法确认作出鉴定意见的鉴定机构和鉴定人是否依照《全国人民代表大会常务委员会关于司法鉴定管理问题的决定》《公安机关鉴定机构登记管理办法》等规定在司法行政部门登记公告。因此，在无法确认鉴定机构和鉴定人具有合法资质的情况下，其所出具的鉴定文书不能作为定案的根据。

第二，《鉴定报告书》只有一名鉴定人陈某志，纪某峰只是复核人。该鉴定不符合程序规定。

第三，《鉴定报告书》的送检材料、样本来源不明。

对毒品可疑物进行提取、扣押时没有见证人在场，且没有当场制作笔录并开具扣押清单，毒品可疑物系2015年11月23日于无锡市锡山区豪景东苑57号楼901室查获的。本案有证据证明办案机关收缴毒品未当场开具《扣押物品清单》，导致涉案毒品的来源无法证明。

某某市公安机关查获毒品可疑物的时候，未对毒品可疑物进行标记，导致扣押毒品数量与检验数量有出入，这一点检察机关已经指出，导致无法排除检材受到污染或者产生毒品与毒品之间的混同，甚至无法保证侦查机关所查获的物品与检材来源的一致性，从而致使以“59袋疑似毒品”为检材而作出的《理化检验报告》因检材来源不明而无法保证检验结果的准确性。

在检材来源不明、鉴定资料严重欠缺的情况下，检验机构就进行检验，没有交接清单、称量笔录等记录毒品流转过程的资料，无法确定扣押时的毒品与送检的毒品具有同一性，导致无法确认该检验结论的准确性和唯一性。

第四，《理化检验报告》形式要件严重欠缺，依法不能作为定案的根据。

首先，缺失《鉴定事项确认书》，导致无法获知鉴定机构收到的检材和样本的名称、数量、性状、包装，检材的提取方法等情况。

其次，无检验过程的记录，鉴定的实施过程和科学依据，包括检材处理、鉴定程序、所用技术方法、技术标准和技术规范等内容一概无法得知，审查检验结论的准确性和唯一性存在重大的困难。

第五，送检人身份不明，不能排除鉴定对象与送检材料、样本不一致，故鉴定意见不能作为定案依据。

根据《公安机关鉴定规则》的规定，送检人应当向鉴定机构提交证明身份的有效证件，且应当系熟悉案件情况的人员。但是，该检验报告无证明送检人马某斌、杨某领二人身份的有效证件作为附件，且除送检环节之外，杨某领此前根本未曾介入本案。

第六，检验过程描述过于简单，无法对其检验过程进行质证分析，无法确定其检验过程是否准确科学，不能保证其结论正确。

首先，未对化学检验、红外光谱检验、GC/MS检验有任何表述。

其次，GC/MS测试对试剂量、样品量均有要求，GC/MS测试是以样品的图谱是否与标准品的图谱一致为标准判断样品是否为甲基苯丙胺，而检验报告中未见相关图谱，亦未见有针对性的对比过程，只直接表述质谱特征完全吻合，因而完全不具备质证条件。

最后，在 GC/MS 测试中，内标物回收率是否在 60% 以上是能否得到可靠结果的标准，而检验报告中并未对此进行描述，不能确定该检验所得的结果符合标准。

第七，报送的检材与据以作出鉴定报告的检材多处不一致，不能确定被鉴定毒品的来源。

通过辩护人对某某市公安局刑事科学技术研究所作的鉴定报告的检材和样本的现场照片相比对，第 8 号检材（编号：201504162008），鉴定报告中标注为白色晶体，但在照片中明显为黄色晶体；16 号检材（编号：201504162016），鉴定报告标注为白色晶体，但在照片中却为黄色晶体；56 号检材（编号：201504162056），鉴定报告中标注为红色晶体，但照片中却为黄色晶体；57 号检材（编号：201504162057），鉴定报告中标注为黄色晶体，但照片中却为红色晶体。鉴定人员对用于鉴定的检材和样本都有错误，不能保证鉴定结果的客观性、真实性。

第八，公诉方举证的《理化检验报告》更正说明，不能排除合理怀疑，同样也不能作为本案的定案根据。

某某市公安局刑事科学技术研究所出具的检验报告第二项检验中，9 号检材中的净重应为 72.38 克，10 号检材中的净重应为 83.41 克，11 号检材中的净重应为 33.64 克，12 号检材中的净重应为 12.43 克，13 号检材中的净重应为 0.66 克，14 号检材中的净重应为 0.78 克，15 号检材中的净重应为 0.88 克，16 号检材中的净重应为 0.23 克，17 号检材中的净重应为 0.90 克。

对可疑毒品进行鉴定，是一个严肃的过程，某某市公安局刑事科学技术研究所已经对可疑毒品进行了称量，却后来又进行了更正，那么更正的原因是什么？办案机关没有予以说明，公诉方也没有举证。结合辩护人前述的辩护意见，辩护人有理由认为某某市公安局刑事科学技术研究所出具的检验报告不具有真实性，依法同样不能作为本案定案的根据。

（5）〔2016〕081 号《鉴定报告书》其鉴定依据不真实，鉴定程序严重违法，与本案不具有关联性，不得作为定案的根据。

第一，与关于《理化检验报告》的辩护意见一样，由于被检验的甲基苯丙胺重量因扣押毒品数量与检验数量有出入，同样存在检材来源不明的情况，因此不再赘述。

第二，〔2016〕081 号《鉴定报告书》的鉴定人王森只是助理工程师，属于初级专业技术职务资格，不具有鉴定人资质。

第三，由于取样是否均匀影响纯度检验的结果，鉴定意见对取样过程未详细记录，不能确保取样科学均匀。该《理化检验报告》未对取样过程进行详细记录，无法获知取样程序的真实情况，不能确定取样是否科学、均匀，直接导致鉴定意见出现毒品定性不准确、含量鉴定出现较大偏差的情况。

第四，检验过程描述过于简单，无法对其检验过程进行质证分析，无法确定其检验过程是否准确科学，不能保证其结论正确。

首先，GC/MS 测试对试剂量、样品量均有要求；

其次，GC/MS 测试是以样品的图谱是否与标准品的图谱一致为标准判断样品是否为可卡因，而检验报告中未见相关图谱，亦未见有针对性的对比过程，只直接表述质谱特征完全吻合，因而完全不具备质证条件。

再次，在 GC/MS 测试中，内标物回收率是否在 60% 以上是能否得到可靠结果的标准，而检验报告中并未对此进行描述，不能确定该检验所得的结果符合标准。

最后，进行定量分析需要 2 份检材同时进行分析，如果 2 份检材的相对差不超过 10% 才可以按平均值定量，如果超过 10% 则不能确定含量，而检验报告未对该过程进行描述。

综上，本案还涉及被告人胡某进的犯罪事实，因为公安机关办案程序严重违法，导致涉案毒品的鉴定报告毒品来源不明等，有关胡某进与闫某共同贩卖毒品、从胡某进租房处扣押共计 3782.16 克毒品的事实依法应不予认定。

（三）关于起诉书指控的第三起被告人胡某进从被告人闫某处购买甲基苯丙胺 4258 克的犯罪事实

2014 年 10 月至 2015 年 4 月，被告人闫某多次将 4258 克甲基苯丙胺贩卖给被告人胡某进。辩护人认为该起指控无事实依据，也与本案的在案证据材料不相符。

本案有证据证明被告人闫某让被告人胡某进发货，而不是贩卖。犯罪嫌疑人胡某进与闫某的QQ聊天记录证明微信号为“不一”，叫胡某进发货(即邮寄冰毒)。某州市公安局补充侦查报告书滕公补侦字〔2016〕00033号也证明：“…… (5) 现已对胡某进的电脑勘验，未获取到胡某进向闫某购买冰毒的聊天记录，但是聊天记录中有闫某让胡某进发货的地址及胡某进发货的单号，并在无锡调取了快递单。”

公诉方指控闫某贩卖给胡某进毒品4258克，该4258克严重失实。公诉方举证：2014年10月至2015年4月间，郭某的银行账户向王某荣的账户付款金额为116900元。除此之外，本案的在卷材料中没有任何证据证明胡某进与闫某发生过交易。

在此且不说闫某与胡某进之间是否存在其他交易，比如闫某让胡某进租车前去江西，往返费用的结算。假设这116900元全是胡某进购买毒品的毒资，那么116900元除以4258克，平均每克甲基苯丙胺的价格为27.45元。

最后，检察机关也认为证据不足。在侦查卷0001150—1152页关于黄某清、胡某进等10人贩卖毒品、容留他人吸毒案补充侦查提纲中，犯罪嫌疑人闫某贩卖毒品的证据过于单薄，仅有胡某进供述，需要补充大量客观证据。如客观证据不能取得，建议将其撤回，待证据补充确实后再重新移送审查起诉。

据此，关于毒品的交易价格本案在卷证据没有反映，但是被告人闫某绝对不会以27.45元的价格将甲基苯丙胺出售给胡某进。故辩护人认为公诉方指控闫某贩卖给胡某进4258克甲基苯丙胺，该指控严重失实，敬请法庭依法予以纠正。

（四）关于起诉书指控的第四起被告人胡某进的犯罪事实

对于起诉书指控被告人胡某进贩卖毒品给安某文的事实无异议，但是辩护人对于起诉书指控胡某进贩卖给安某文的甲基苯丙胺的数量有异议。

被告人胡某进的供述与辩解同被告人安某文的供述与辩解不相符。被告人安某文供述是200克，而不是250克，且在本案案卷材料中有关郭某的所有银行账户中仅记录一笔1700元的来自丹阳市的存款。也就是说，安某文与胡某进的聊天记录、有关郭某的所有银行账户不能充分证明胡某进贩卖给安某文的冰毒为250克。

另外，值得注意的是，有关胡某进贩卖给安某文甲基苯丙胺的数量，办案机关从申请批准逮捕阶段、移送审查起诉阶段，到法院审判阶段，数量是逐次减少，也令人怀疑。

从司法机关所出具的司法文书中关于此起犯罪事实的侦查结论，也可以印证公诉机关同样对指控胡某进贩卖给安某文的甲基苯丙胺的数量有异议。

（五）关于起诉书指控的第五起被告人胡某进的犯罪事实

对于起诉书指控被告人胡某进贩卖毒品给李某的事实无异议，但是辩护人对于起诉书指控胡某进贩卖给李某600克的甲基苯丙胺的数量有重大异议，公诉方举证的证据不能证明被告人胡某进贩卖给李某600克的甲基苯丙胺。

1. 侦查卷0000182—191页乌海市公安局对胡某进的讯问笔录依法不能作为本案的定案根据。理由是：（1）乌海市公安机关连续13个多小时讯问被告人胡某进，系疲劳审讯；（2）讯问人处及记录人处没有办案人员的签字。

2. 户名为任某强的邮政银行卡卡号：6217993000109188854，自2015年8月11日至8月20日在乌海市海勃湾区存款共发生三笔业务，合计存款8000元，具体如下（见附件具体清单）。

3. 乌海市公安局侦查的材料：在侦查卷0000797—798页李某、杜某才在乌海市农业银行向郭某汇款记录如下。

存款时间跨度：自2015年3月24日至10月7日

存款地区：乌海市海勃湾区

存款总次数：14次

查证存款次数：5次及金额19800元

未查证存款次数：9次及金额22300元

合计存款金额：42100元（具体见附件清单）

4. 未查证存款次数9次及金额22300元（具体见附件清单）。

上述证据证实李某、张某珲等向郭某汇的毒资，办案机关查证的为19800元，未查证的为22300元，即涉案的22300元不能排除合理怀疑。依法不予认定系毒资。

综上所述，办案机关查证的毒资为12768元（系张某珲支付宝支付）+8000元（任某强邮政银行卡账户）+19800元（郭某银行卡账户）=

40658 元，胡某进陈述以平均 200 元—300 元的价格贩卖给李某等人，根据公安机关查证的 40658 元除以中间数 150 元，甲基苯丙胺的克数为 271.05 克，而不是公诉方指控的 600 克。何况根据本案在卷的证据标明，涉案毒品甲基苯丙胺的含量存疑。

（六）关于起诉书指控的第六起被告人胡某进的犯罪事实

对于起诉书指控被告人胡某进贩卖毒品给王某的事实无异议，但是辩护人对于起诉书指控胡某进贩卖给王某 116 克的甲基苯丙胺的数量有异议，公诉方举证的证据不能证明胡某进贩卖给王某 116 克的甲基苯丙胺。公诉方举证的胡某进使用的任某强、郭某的银行账户与王某的银行账户之间的汇款明细，以及通话记录、被告人之间的供述与辩解不能相互印证。

（七）关于起诉书指控的第七起被告人胡某进的犯罪事实

对于起诉书指控被告人胡某进、王某、陈某洋、计某佳贩卖、运输毒品的事实无异议，但是辩护人对于起诉书指控 2014 年底至 2015 年底，被告人胡某进、王某、陈某洋、计某佳多次贩卖、运输甲基苯丙胺共计 700 克部分不属实。

胡某进只是参与了其中的第二起、第三起，对于第一起的 500 克，实际是由被告人闫某提供，且贩卖毒品的毒资也是由闫某收取，与被告人胡某进没有必然的联系。

另外，被告人陈某洋以及证人李新证明被告人胡某进经手的其中一次的毒品质量不好，克数不够，要求退货。涉案毒品甲基苯丙胺有存在部分假货的可能。

（八）关于起诉书指控的第九起被告人胡某进的犯罪事实

起诉书指控被告人胡某进和王某共同贩卖毒品 40 克甲基苯丙胺给时某，辩护人认为公诉方对于该起犯罪事实的指控无事实依据和法律依据。

1. 所谓共同贩卖，是指共同出资购买、销售，销售所得以某种方式进行分配。而本案中公诉方没有任何证据证明被告人胡某进与王某共同出资购买了毒品。王某收了时某购买毒品的毒资，然后再购买胡某进的毒品，胡某进只是按照王某的指示，用快递方式进行邮寄。

2. 本案不能排除公诉方实施重复起诉的合理怀疑。在本案中公诉方已经指控“6. 2014 年 5 月至 2015 年初，被告人胡某进多次将 116 克甲基苯丙胺贩卖、运输给被告人王某。”本案中公诉方指控的胡某进、王某共同贩卖的 40 克毒品，辩护人认为与胡某进贩卖给王某的 116 克毒品，存在重叠。

3. 侦查卷 0000064—68 页某某市公安局起诉意见书，滕公诉字〔2016〕00071 号也只是侦查到王某贩卖毒品给时某，而不是王某与胡某进共同贩卖。

故起诉书指控的第九起被告人胡某进的犯罪事实依法应不予认定。

（九）关于起诉书指控的第十一起被告人胡某进的犯罪事实

辩护人认为公诉方对于该起犯罪事实的指控事实不清、证据不足。

1. 本案的在卷证据材料已经证明，胡某进第一次购买赖某锋 200 粒甲基苯丙胺片剂无事实依据。

补充侦查卷 0001150—1152 页在关于黄某清、胡某进等 10 人贩卖毒品、容留他人吸毒案补充侦查提纲中，检察机关明确要求办案机关对以下事项继续侦查：安某文第一次介绍胡某进购买赖某锋 200 粒麻古的聊天截图；胡某珍、安某文、郭某、时某、任某强、王某涉案时间内的支付宝交易记录。

2. 公安机关没有作出合理解释，且没有继续补充相关材料。

滕公补侦字〔2016〕00033 号某某市公安局补充侦查报告书已经明确回复："8. 已勘验了胡某进的电脑，未获取安某文第一次介绍胡某进购买赖某锋的 200 粒麻古的聊天记录；16. 安某文的供述 P271—P272 页与付款的截图没有矛盾，P708 页的时间为 2015 年 9 月 18 日，与胡某进购买麻古无关。"故根据本案的现有证据，不能证明被告人安某文多次介绍被告人赖某锋将 500 粒甲基苯丙胺片剂贩卖给被告人胡某进。

（十）被告人胡某进有如下法定和酌定从轻处罚的情节，敬请合议庭合议时予以参考

1. 被告人胡某进具有"形迹可疑"型自首的情节，依法应当减轻处罚。

侦查卷 000001 页；滕公受案字〔2015〕00716 号受案登记表，证明 2015 年 11 月 9 日，某某市公安局在办理范某贩卖毒品案中发现范某多次从王某手中购买冰毒，王某有贩卖毒品嫌疑。

侦查卷 000002 页滕公立字〔2015〕00402 号某某市公安局立案决定书证实，2015 年 11 月 12 日，根据《中华人民共和国刑事诉讼法》第一百零

七条之规定，公安机关决定对王某贩卖毒品案立案侦查。

上述材料充分证实公安机关是根据王某贩卖毒品的线索予以立案。在王某贩卖毒品案发生后，公安机关掌握一定的证据或线索，明确了侦查方向，圈定了排查范围，在调查或排查过程中发现被告人胡某进，但尚不足以通过现有证据确定其为犯罪嫌疑人。此种情形下的“形迹可疑”能够将胡某进同王某贩卖毒品案联系起来，但这种联系还不能达到将胡某进锁定为犯罪嫌疑人的程度，因为王某只是供述他从杨某那里购买毒品。杨某是不是胡某进，需要进一步核实。

2015 年 11 月 23 日，胡某进被山东警方从无锡市锡山区豪景东苑带到无锡市安镇派出所后，就如实、主动供述自己与安某文、黄某清、闫某、王某等贩卖毒品的罪行。2015 年 11 月 23 日 22 时 10 分至 2015 年 11 月 24 日 00 时 45 分，被告人胡某进首次讯问笔录及 2015 年 11 月 24 日 11 时 20 分至 2015 年 11 月 24 日 11 时 50 分，被告人胡某进第 2 次讯问笔录都有明确的记载，且从侦查阶段、审查起诉阶段，一直到法院审理阶段，胡某进的供述与辩解前后一致。故被告人胡某进的行为构成自首。

2. 被告人胡某进有协助抓捕型的立功情节及检举揭发他人重大犯罪行为的立功表现，应依法从轻、减轻处罚。

被告人胡某进供述，2015 年 11 月 23 日，胡某进在江苏省无锡市锡山区豪景东苑被抓获后，为了防止黄某清发觉胡某进被抓获而逃匿，曾经给在江西省吉安市的黄某清打电话“报平安”和提出再向其购买海洛因，以此稳住黄某清，配合公安机关顺利抓获了黄某清。

本案中，根据“已归案的犯罪分子协助公安机关抓捕其他犯罪人的，无论其协助行为所起作用大小，均应认定为立功”的裁判规则，被告人胡某进的行为应依法认定为立功。

另外，被告人胡某进向公安机关检举揭发江西省吉安市的曾某贩卖毒品的犯罪事实，曾某已经被江西省新干县公安局抓获，公安机关要求胡某进对曾某进行了辨认，在本案的案卷材料中也有明确记载。胡某进的行为对于公安机关确定上线的身份，继而抓获毒品上线起到了实质的协助作用。曾某被指控贩卖毒品几十公斤，故被告人胡某进的行为应被认定为有重大立功表现，应依法从轻、减轻处罚。

3. 被告人胡某进有主动交出他人的数量巨大的毒品——甲基苯丙胺，

避免冰毒流入社会等特别严重后果发生的行为，对此情节，应对被告人减轻处罚。

通过法庭的审理，已经查明被告人胡某进于2015年11月23日上午被山东警方带到无锡市安镇派出所，公安机关要求被告人胡某进主动交代自己的犯罪事实，并且揭发他人的犯罪事实，胡某进予以配合。在无锡市安镇派出所被告人胡某进向办案机关供述并交出了其所藏匿的被告人闫某存放的大量毒品，上述事实有被告人胡某进的陈述及当时的经历人无锡市安镇派出所协警朱某、胡某，民警俞某、浦某杰、沈某华的证言证实。根据刑法第六十七条第三款的规定“因其如实供述自己罪行，避免特别严重后果发生的，可以减轻处罚”，故可对被告人胡某进减轻处罚。

4. 被告人胡某进能够如实交代自己的犯罪事实以及其他同案犯的犯罪事实，认罪态度较好，依法应当酌情予以从轻处罚。

辩护人通过阅读本案的案卷材料以及通过法庭审理活动，认为被告人胡某进自始至终能够如实交代自己的犯罪事实，以及其他贩毒分子如闫某、黄某清、安某文的犯罪事实，配合公安机关抓获黄某清、积极反映贩毒分子曾某在江西省吉安市参与贩毒的情况。而被告人黄某清、闫某则拒不供认其有犯罪行为，胡某进的如实供述行为及配合公安机关抓获犯罪嫌疑人的积极行为，与黄某清、闫某等相比，形成了鲜明的对比。辩护人认为，惩罚犯罪的同时，应当执行刑罚宽严相济的刑事政策，对于被告人胡某进的上述行为，辩护人恳请法庭对被告人胡某进量刑时予以特别注意。

5. 被告人到案以后，主动坦白交代了司法机关尚未掌握的其他毒品犯罪事实，由此使毒品犯罪数量累计超过实际掌握的死刑数量标准。根据2008年12月1日最高人民法院印发的《全国部分法院审理毒品犯罪案件工作座谈会纪要》提出对此种情形的处理意见：已查获的毒品数量未达到实际掌握的死刑数量标准，到案后坦白尚未被司法机关掌握的其他毒品犯罪，累计数量超过实际掌握的死刑数量标准的，可以不判处被告人死刑立即执行。

6. 被告人胡某进到案后积极争取立功，但公安机关并没有进行落实，积极采取侦查措施。侦查卷1795页，公安机关出具的办案说明中记载，被告人胡某进还供述可以通过网络联系到卖毒品的上家，但因看守所没有网络，所以立功不可操作。

该说法不具有真实性、合法性。被告人胡某进反映情况后，办案机关应该向上级领导请示，采取“带出所外”或者携带电脑进所等方式积极侦查，以消除社会危害，但是办案机关没有积极实施。结合被告人胡某进到案后的认罪态度和表现，其本人明知自己可能被判处无期徒刑以上刑罚，具有较高的立功意愿，但是公安机关没有进行落实，致使胡某进因无法立功以争取宽大处理，此情节在量刑时也应予以考虑。

7. 被告人胡某进有以贩养吸的情节。

侦查卷0000079页某某市公安局吸毒现场检测报告书，检测出被告人胡某进有吸毒史，胡某进的父亲因患有肺癌在2013年去世，其家庭因其父亲患病负债累累。胡某进先后从事广告工作、快递工作，随后不小心吸食毒品。但是胡某进没有足够的经济来源支持其吸食毒品，不得已才贩卖毒品，赚取差价购买毒品，被告人胡某进有以贩养吸的情节。

四、法院裁决

2017年12月27日，山东省某中级人民法院作出〔2016〕鲁04刑初24号刑事判决。判决认为，被告人黄某清、安某文、时某明知是毒品而进行贩卖，其中黄某清贩卖毒品数量大，安某文贩卖毒品数量较大，时某多次贩卖少量毒品，情节严重，其行为均已构成贩卖毒品罪；被告人闫某、胡某进、王某、陈某洋、计某佳、赖某锋、郭某明知是毒品而进行贩卖、运输，其中闫某、胡某进、王某、陈某洋、计某佳、赖某锋贩卖运输毒品数量大，郭某贩卖运输毒品数量较大，其行为均已构成贩卖运输毒品罪。据此判决：

1. 被告人黄某清犯贩卖毒品罪，判处死刑，缓期二年执行，剥夺政治权利终身，并处没收个人全部财产；

（死刑缓期执行的期间，从高级人民法院判决或裁定核准的法律文书宣告或送达之日起计算。）

2. 被告人闫某犯贩卖、运输毒品罪，判处死刑，缓期二年执行，剥夺政治权利终身，并处没收个人全部财产；

（死刑缓期执行的期间，从高级人民法院判决或裁定核准的法律文书宣告或送达之日起计算。）

3. 被告人胡某进犯贩卖、运输毒品罪，判处无期徒刑，剥夺政治权利终身，并处没收个人全部财产。

五、律师说法

搜查笔录作为一种常见的刑事证据种类，已成为毒品犯罪案件证据体系中的“必备品”或“标配”。办案机关搜查所得的证据常常被用作定案的物证或书证。在毒品犯罪案件中，侦查人员对犯罪嫌疑人人身的检查，对汽车等交通工具的搜查，对涉案场所、涉案财物的搜查，都可形成搜查笔录。若侦查人员由于其不作为或搜查程序不合法而导致关键证据灭失，或被认定为非法证据而被排除，诸如：侦查人员无搜查证、“单方”搜查行为是否合法，搜查程序对应之见证人是否适格、搜查程序是否合法等，这都是对构建有罪证据体系的致命打击。

刑事案件，不仅要讲究实体正义，同样也要追求程序正义，两者缺一不可。辩护律师若能对搜查笔录进行有效质证，往往能够直接撬动控方的证据体系，影响着诉讼的结果，保障法律的正确实施。

这就要求辩护人熟悉法律程序，有关搜查的相关法律规定简要归纳如下：

《中华人民共和国刑事诉讼法》第一百三十八条规定：“进行搜查，必须向被搜查人出示搜查证。在执行逮捕、拘留的时候，遇有紧急情况，不另用搜查证也可以进行搜查。”第一百三十九条第一款规定：“在搜查的时候，应当有被搜查人或者他的家属、邻居或者其他见证人在场。”第一百四十条规定：“搜查的情况应当写成笔录，由侦查人员和被搜查人或者他的家属，邻居或者其他见证人签名或者盖章。如果被搜查人或者他的家属在逃或者拒绝签名、盖章，应当在笔录上注明。”

2016 年最高人民法院、最高人民检察院、公安部联合制定下发的《办理毒品犯罪案件毒品提取、扣押、称量、取样和送检程序若干问题的规定》对侦查人员的工作作出了明确的规定：一是明确规定有见证人在场见证毒品的提取、扣押、封装、称量、取样活动的，应当在笔录材料中写明见证人的姓名、身份证件种类及号码和联系方式，并附其常住人口信息登记表等材料；二是明确规定三类人员不得担任见证人：（1）生理上、精神上有缺陷或者年幼，不具有相应辨别能力或者不能正确表达的人；（2）犯罪嫌疑人的近亲属，被引诱、教唆、欺骗、强迫吸毒的被害人及其近亲属，以及其他与案件有利害关系并可能影响案件公正处理的人；（3）办理该毒品犯罪案件的公安机关、人民检察院、人民法院的工作人员、实习人员或者其聘用的协勤、文职、清洁、保安等人员；三是明确规定由于客观原因无法由符合条件的人员担任见证人或者见证人不愿签名的，应当在笔录材料中注明情况，并对相关活动进行拍照并录像。

案例 13

民营企业家骗取扶贫贷款贴息案

杨综治

一、案情简介

洛宁县洛阳 AA 木制品有限公司符合国家扶贫贷款贴息政策，系受扶贫贷款贴息企业，卢某某担任洛阳 AA 木制品有限公司法定代表人，任总经理一职。卢某某为使企业获取更多扶贫贷款贴息资金，降低企业融资压力，提高企业福利，2013 年初，将上一年企业在中国邮政银行洛阳分行贷款的 500 万元伪造为 800 万元，在中国建设银行洛阳分行涧西支行贷款的 300 万元伪造为 1300 万元，继而使用伪造的银行借款合同、结算凭证、贷款还息凭证等资料，通过洛宁县扶贫办向上级申报国家扶贫贷款贴息资金，为企业获取 2013 年度国家扶贫贴息款 63 万元。2014 年卢某某又故伎重施，获取 2014 年度国家扶贫贴息款 63 万元。两年间为企业获取共计 126 万元的扶贫贴息款。洛宁县纪委监委在纪检监察中发现国家扶贫贴息款项目的问题后，展开调查。后洛宁县公安局因涉嫌金融凭证诈骗对洛阳 AA 木制品有限公司和卢某某立案侦查。

洛宁县人民检察院指控，被告人洛阳 AA 木制品有限公司、卢某某为了获得非法利益，以洛阳 AA 木制品有限公司的名义通过伪造银行借款合同、结算凭证、贷款还息凭证等手段，骗取国家扶贫贷款贴息资金，数额特别巨大，其行为触犯了《中华人民共和国刑法》第一百九十四条第二款，构成金融凭证诈骗罪，依法对其提起公诉。

二、公诉意见

在法庭调查过程中，公诉人针对起诉书指控的犯罪事实，讯问了被告人，宣读了被告人供述、相关证人证言，出示了相关物证、书证，这些证据是侦查机关通过合法程序取得，内容客观真实，充分证实了被告人洛阳AA木制品有限公司、卢某某的主观故意和犯罪事实，证据之间相互印证，形成了完整的证明体系。

《中华人民共和国刑法》第一百九十四条第二款规定，使用伪造、变造的委托收款凭证、汇款凭证、银行存单等其他银行结算凭证的，依照前款规定处罚。被告人洛阳AA木制品有限公司、卢某某明知洛阳AA木制品有限公司在2012年度的贷款总金额为800万元，却在2013年和2014年，两次伪造银行借款合同、结算凭证、贷款还息凭证等资料，将贷款总金额提高到2100万元，以洛阳AA木制品有限公司的名义向洛宁县扶贫办申报国家扶贫贷款贴息资金，并且积极地希望获取国家扶贫贷款贴息资金。被告人以非法占有为目的，在金融活动中，违反金融管理法规，采用欺骗的方法，获取数额巨大的财物，侵犯了扶贫贷款贴息的管理秩序，严重扰乱了正常的市场金融秩序，应当按照金融凭证诈骗罪处罚。

国家扶贫贷款贴息资金是党和国家打好攻坚脱贫战的重要资金。在本案中，被告人诈骗国家扶贫贷款贴息资金，严重影响到国家脱贫工作，社会危害性较大，希望法庭在量刑方面能够严格处理，建议判处被告人卢某某有期徒刑五至七年，并处罚金。

在此，公诉人告诫被告人卢某某，获取财富应当通过正当合法的途径，任何通过非法手段得到的财富的人，必将受到法律的严厉制裁，希望能够引以为戒，增强法制观念，不要再犯类似的错误。

三、法庭辩护

辩护人认为审理案件时，法庭应当坚持以事实为依据、以法律为准绳来定罪量刑。

第一，本案系单位犯罪，洛阳AA木制品有限公司应承担本案的刑事责任。单位犯罪，是指公司为本单位谋取非法利益或者以单位名义为本单位全体成员或者多数成员谋取非法利益，由单位的决策机构按照单位的决策程序决定，由直接责任人员具体实施。本案中，扶贫贷款贴息针对的主体是符合国家扶贫贷款贴息政策的企业，而非任何自然人。洛阳AA木制品有限公司本身具有申领扶贫贷款贴息的资质，被告人卢某某担任洛阳AA木制品有限公司法定代表人，最终获得的扶贫贷款贴息全部用于了该企业的支付工人工资等日常生产经营。因此，被告人卢某某所作出的行为系为单位谋取利益在单位整体意志支配下而实施的。本案是洛阳AA木制品有限公司触犯法律，该单位应承担本案的刑事责任。

第二，关于本案中洛阳AA木制品有限公司涉嫌金融凭证诈骗的犯罪数额。现有证据表明，洛阳AA木制品有限公司符合国家扶贫贷款贴息政策规定的条件，系河南省洛宁县扶贫办认定的受贴息企业，具有申请国家扶贫贷款贴息的资质。洛阳AA木制品有限公司在2012年分别从两家银行贷款的500万元和300万元，真实存在，洛阳AA木制品有限公司可以按照贴息政策申请贴息补助。换言之，洛阳AA木制品有限公司伪造银行借款合同等凭证来骗取国家扶贫贷款贴息资金，但是公司使用上述真实的贷款金额申请所得的国家扶贫贷款贴息是合法、正当收入，洛阳AA木制品有限公司骗取的国家扶贫贷款贴息，应当排除该企业所获得国家扶贫贷款贴息中的合法部分。国家扶贫贷款贴息资金实际损失的金额为66万元，因此，该企业的犯罪数额为66万元。

第三，被告人卢某某有自首情节。2018年8月，卢某某正在宁波处理事务，接到洛宁县纪委的电话通知后，连夜开车从宁波返回洛宁县。第一时间向洛宁县纪委监察委和公安局投案，如实供述尚未被办案机关掌握的全部犯罪行为，其行为符合刑法第六十七条关于自首的规定，可以从轻或者免除处罚。洛阳AA木制品有限公司及卢某某家属多方筹措资金，如数退还了涉案的全部非法所得，弥补了企业及其自身给国家造成的全部损失，况且被告人卢某某认罪认罚，也是初犯、偶犯，其主观恶性与社会危害性较小，可以酌定从轻处罚。

综上所述，辩护人认为在国家倡导保护民营企业发展的大环境下，在全国检察长会议关于“以更大力度支持民营经济健康发展，能不捕的不捕，能不诉的不诉，能不判实刑的就提出适用缓刑”的精神下，考虑到被告人卢某某的主观恶性与社会危害性，希望法庭对被告人卢某某从轻处罚，判处免刑或者适用缓刑。

四、法院裁决

本院认为，被告单位洛阳AA木制品有限公司、被告人卢某某为了获得非法利益，采用伪造银行借款合同、结算凭证、贷款还息凭证等手段，骗取国家扶贫贷款贴息资金，数额巨大，其行为已构成金融凭证诈骗罪。案发后，被告人卢某某主动到案，并能如实供述自己的犯罪事实，属自首，依法可以从轻或减轻处罚。鉴于被告单位洛阳AA木制品有限公司本身具备享受贴息资金相关政策的资格，被告人卢某某为公司争取该资金的动机是为了发展公司的生产经营活动，带动企业发展，其主观恶性不大，案发后能主动退赃、积极挽回给国家造成的经济损失，且该公司为福利企业，为当地残疾人就业提供了便利，依法可酌情从轻处罚。被告人卢某某庭审中认罪态度较好，确有悔罪表现，宣告缓刑对其所居住的社区无重大不良影响。故依据本案被告单位、被告人的具体犯罪事实、情节及社会危害性，依照《中华人民共和国刑法》第一百九十四条、第三十条、第三十一条、第六十七条第一款、第七十二条、第七十三条第二、第三款之规定，经合议庭评议，判决如下：1. 被告单位洛阳AA木制品有限公司犯金融凭证诈骗罪，判处罚金人民币10万元。2. 被告人卢某某犯金融凭证诈骗罪，判处有期徒刑二年零六个月，缓刑三年，并处罚金人民币5万元。

五、律师说法

诈骗罪是一种发展变化十分迅速的犯罪类型，随着社会政治、经济、文化以及人们生活观念与生活方式等方面的变迁，诈骗犯罪的手段、对象、发生率等也必然发生变化。

刑法第二百六十六条规定："诈骗公私财物，数额较大的，处三年以下有期徒刑、拘役或者管制，并处或者单处罚金；数额巨大或者有其他严重情节的，处三年以上十年以下有期徒刑，并处罚金；数额特别巨大或者有其他特别严重情节的，处十年以上有期徒刑或者无期徒刑，并处罚金或者没收财产。本法另有规定的，依照规定。"我国法律中并未对什么是诈骗作出详细具体的描述，但是在刑法理论与审判实践上普遍认为，除了行为对象与行为人的故意与目的外，诈骗罪在客观上必须表现为一个特定的行为发展过程：行为人实施欺骗行为——对方陷入或者继续维持认识错误——对方基于认识错误处分或者交付财产——行为人取得或者使第三者取得财产——被害人遭受财产损失。当行为人的行为完全符合上述发展过程，才可以称之为诈骗行为。

前文提到，诈骗罪因社会变化而愈加多样，因此，在刑法的制定中衍生出其他诈骗罪——合同诈骗罪、金融诈骗罪和招摇撞骗罪，其中金融诈骗罪包含了集资诈骗罪、贷款诈骗罪、保险诈骗罪、信用卡诈骗罪等类型。本案就属于金融诈骗罪中的金融凭证诈骗罪。一些国家的刑法中特别规定了部分金融诈骗罪，却是将金融诈骗罪规定为普通诈骗罪的补充类型。我国刑法是将金融诈骗罪作为普通诈骗罪的特别类型予以规定，因此金融诈骗罪原本属于诈骗罪，或者说规定金融诈骗罪的法条与规定普通诈骗罪的法条，属于特别法条与普通法条的关系。特别法条的适用以符合普通法条为前提，所以金融诈骗罪成立必须符合普通诈骗罪的构成要件。

金融诈骗罪与普通诈骗罪又有些许不同。首先，二者的犯罪客体有差异，金融诈骗罪除了侵犯公私财物所有权以外，还扰乱了国家正常的金融管理秩序。其次，金融诈骗罪必须以特殊的金融道具才能实施，普通诈骗罪对于是否使用道具、使用何种道具并不要求。再次，自然人和单位都可能触犯金融诈骗罪。在普通诈骗罪中，只能是自然人成为犯罪的主体。不仅如此，二者在构成犯罪需要追究刑事责任的立案标准、量刑结果方面也有差异。因此，在涉嫌诈骗犯罪的问题上，需要辩护人严格分析行为人的犯罪行为、手段、对象、情节，使无辜的人免受其罪，有罪的人罚当其罪。

案例 14

蒋某良制造枪支案

杨综治

一、案情简介

蒋某良经营一家“老蒋五金店”，2017 年 4 月在浏览淘宝网站时发现可以将射钉枪改造为枪支，便在淘宝网站购买射钉枪及其配件，根据网上资料，将射钉枪进行改造。此射钉枪不能自动退壳，后蒋某良再次购买可以自动退壳的射钉枪进行改造，把 2 支改造后的射钉枪放在五金店内于夜间时常把玩。2017 年 7 月 28 日，金沙县公安局民警在金沙县某街道某社区蒋某良经营的五金店内查获以射钉枪组装好的枪支疑似物 2 支、钢珠 10.9 公斤、射钉 287 发及一些枪支零部件，随即蒋某良被金沙县公安局行政拘留五日。经毕节市公安司法鉴定中心鉴定，查获的 2 支送检枪支均是以火药为动力的枪支，后蒋某良因涉嫌非法制造枪支被刑事拘留。

金沙县人民检察院指控，蒋某良违反枪支管理规定，未经有关部门批准，私自制造枪支，其行为已经触犯《中华人民共和国刑法》第一百二十五条之规定，构成非法制造枪支罪，依法提起公诉。

二、公诉意见

在法庭调查过程中，公诉人宣读了起诉书、被告人供述、相关证人证言，出示了相关物证、书证，直接反映了被告人蒋某良的主观故意和犯罪事实，下面着重向法庭说明，被告人蒋某良改造后的射钉枪属于非法制造、买卖、运输、邮寄、储存枪支、弹药、爆炸物中的“枪支”。

公安部 2010 年印发的《公安机关涉案枪支弹药性能鉴定工作规定》第三条第（三）项明确规定，对不能发射制式弹药的非制式枪支，按照《枪支致伤力的法庭科学鉴定判据》（GA/T 718—2007）的规定，当所发射弹丸的枪口比动能大于等于1.8焦耳/平方厘米时，一律认定为枪支。本案中，被告人蒋某良改造后的2支射钉枪，经过毕节市公安司法鉴定中心鉴定，符合上述规定，表明2支送检枪支均是以火药为动力的枪支。毕节市公安司法鉴定中心和鉴定专家均具有鉴定资质，因此，被告人蒋某良改造后的2支射钉枪属于刑法第一百二十五条规定的“枪支”。本案的证据是侦查人员依照法定程序搜集的，证据客观。本案形成完整的证据链，充分证实起诉书指控的相关犯罪事实清楚，证据确实、充分。

根据2009年《最高人民法院关于审理非法制造、买卖、运输枪支、弹药、爆炸物等刑事案件具体应用法律若干问题的解释》第一条第（二）项规定，非法制造、买卖、运输、邮寄、储存以火药为动力发射枪弹的非军用枪支1支以上或者以压缩气体为动力的其他非军用枪支2支以上的，依照刑法第一百二十五条第一款的规定，以非法制造、买卖、运输、邮寄、储存枪支、弹药、爆炸物定罪处罚。

被告人蒋某良对于自己将2支射钉枪改造为枪支是明知，也知道国家法律不允许未经过批准的公民制造、买卖、持有枪支，被告人蒋某良改造的2支枪支，具有较大的杀伤力，增加了公共危险，危害了公共安全，其行为构成非法制造枪支罪，应当以非法制造枪支罪追究刑事责任。建议以非法制造枪支罪，判处被告人蒋某良有期徒刑五年至十年。

三、法庭辩护

辩护人认为对于被告人蒋某良的定罪量刑，应当坚持主客观相统一原则与罪责刑法定原则。

《中华人民共和国刑法》第一百二十五条第一款规定：非法制造、买卖、运输、邮寄、储存枪支、弹药、爆炸物的，处三年以上十年以下有期徒刑；情节严重的，处十年以上有期徒刑、无期徒刑或者死刑。根据刑法规定，非法制造枪支罪属于抽象危险犯，即只要行为人实施了符合本罪犯罪构成要件的危害行为，就成立非法制造枪支罪，不要求发生具体的危险。虽然在本案中，被告人蒋某良购买2支射钉枪，并擅自加以改造，改变了射钉枪原有的功能，被认定为违反法律法规的非法制造枪支，符合非法制造枪支罪的违法性要素，但是我们不能忽略对于被告人蒋某从宽处罚的判断。我国对于枪支有着严格的管理制度，并不是每个人都能接触到枪支，对于枪支的印象多来自影视剧。被告人蒋某良改造后的2支射钉枪明显不同于社会公众对于枪支的认知，因此被告人蒋某良不能认识到其改造后的2支射钉枪属于刑法中规定的“枪支”，常人并不能认识到自己的行为构成非法制造枪支，且将改造后的2支射钉枪放置于五金店内于夜间把玩，亦表明其并不希望或者放任改造后的2支射钉枪发生任何危险后果，因此被告人蒋某良的主观恶性和社会危害程度较小。

本案中，被告人蒋某良具有以下从宽处罚的情节：第一，到案后自愿如实供述自己的罪行，系坦白，依法可以从轻处罚；第二，认罪态度良好、真诚悔罪，可以酌定从轻处罚；第三，属于初犯、偶犯。

综上所述，辩护人认为被告人蒋某良犯非法制造枪支罪可以从轻、减轻处罚，可以适用缓刑。

四、法院裁决

法院认为，被告人蒋某良违反枪支管理规定，未经有关部门批准，私自制造枪支，其行为已经触犯《中华人民共和国刑法》第一百二十五条的规定，构成非法制造枪支罪。案发后，被告人蒋某良能如实供述自己的犯罪事实，系坦白，依法可以从轻处罚。审理中，被告人蒋某良认罪、悔罪态度较好，可酌情从轻处罚。关于其辩护人提出“被告人蒋某良系初犯、具有坦白情节，且能认罪、悔罪”的辩护意见，与查明事实相符，予以采纳。结合本案查明的事实，被告人蒋某良主观恶性、人身危害性相对较小，且到案后能如实供述自己的犯罪事实，认罪态度较好，有悔罪表现，对其宣告缓刑，没有再犯罪的危险，可适用缓刑。依照《中华人民共和国刑法》第一百二十五条、第六十七条第三款、第五十二条、第五十三条、第七十二条、第七十三条的规定，判处如下：被告人蒋某良犯非法制造枪支罪，判处有期徒刑三年，缓刑四年。

五、律师说法

我国对于枪支有着严格管理制度，任何公民未经国家有关部门批准，不得制造、买卖、运输、邮寄、储存枪支，涉嫌枪支违法案件以从严处理为常态，也符合社会公众的价值观。但是近年来，因仿真枪出现的涉枪违法案件频发，引发人们的关注，如：天津老人赵某某非法持有枪支案。仿真枪获刑的案例频发，其中引发社会质疑的核心问题是，以枪口比动能大于等于1.8焦耳/平方厘米为标准认定枪支的规定是否具有合理性？换言之，我国枪支的鉴定标准是否过于严苛？

据公安部公布的数据显示，2011年至2016年，全国就破获非法制造贩卖气枪、仿真枪等各类枪支案件9000余起，抓获犯罪嫌疑人达8万余名。而2011年之前的五年，这项数据的占比仅为最近五年的30%左右。近五年涉枪违法案件突然激增，这还要从我国的枪支鉴定标准说起。简单来说，应以两场试验为坐标——“松木板试验”与“猪眼睛试验”。

2001年公安部发布《公安机关涉案枪支弹药性能鉴定工作规定》，对于不能发射制式子弹的非制式枪支，按下列标准鉴定：将枪口置于距厚度为25.4毫米的干燥松木板1米处射击，弹头穿透该松木板时，即可认为足以致人死亡；弹头或弹片卡在松木板上的，即可认为足以致人伤害。具有此两种情形之一的，即可认定为枪支，这就是“松木板试验”。在一般人的理解中，能打穿皮肤则意味着能造成“伤亡”，而枪口比动能为16焦耳/平方厘米的枪支，是能打穿皮肤的最低枪口比动能。

在2007年公安部发布的《枪支致伤力的法庭科学鉴定判据》中，枪支认定标准发生了改变。当枪口比动能大于等于1.8焦耳/平方厘米时，对眼睛近距离射击可以造成伤残。该项数值的来源是在室内无风的屠宰场内，用11头重200斤左右的健康长白猪做试验，用直径0.6厘米、重0.9克的钢珠弹，距离1米射击猪的眼睛而得出，即1米内阈值钢珠气枪致伤下限值可定为1.8焦耳/平方厘米。随后，2010年公安部修订印发的《公安机关涉案枪支弹药性能鉴定工作规定》，进一步将该鉴定标准作为法定鉴定依据。

从穿透松木板，到打伤猪眼睛，枪支鉴定标准降低到了原来的九分之一，这也是为何越来越多的玩具枪、仿真枪在近几年被划定为枪支范畴的原因。新的标准固然有利于维护社会稳定大局、营造良好的治安环境，更好地保障人民群众安全，但是在坚持严格控枪原则下，司法实践中机械比照相关法律和司法解释的数量标准一律从严打击的做法，违背了刑法罪责刑相适应原则，造成定罪量刑结果不合理、不适当，继而出现了刑事打击面过度扩大的问题。

为确保依法处理此类涉枪违法案件，2018年最高人民法院、最高人民检察院出台了《最高人民法院、最高人民检察院关于涉以压缩气体为动力的枪支、气枪铅弹刑事案件定罪量刑问题的批复》。虽然该批复中没有修改涉枪案件中枪支认定标准，现行公安部制定的枪支鉴定标准仍然适用，但是该批复贯彻落实了宽严相济的刑事政策的原则，从整体上保持对涉枪犯罪从严打击，在个案中贯彻落实从宽精神，并且遵循实事求是的精神，坚持区别对待，落实罪责刑相适应原则，使相关案件处理结果得到广大人民群众的认同，实现政治效果、法律效果与社会效果的有机统一。

第二章

杨律师以案说法：民商案件

案例 1

一审、二审、发回重审、指令再审的居间合同纠纷案

杨　涛（重庆）

一、案情简介

2014 年 2 月 10 日，罗安彬将打印好的《中介协议》拿到四川鼎弘钢结构工程有限公司盖章，该协议内容为：（1）因盐津县中和工业园区孵化园钢结构厂房工程由罗安彬（甲方）介绍四川鼎弘钢结构工程有限公司（乙方）介入该工程施工，介绍成功后中介劳务费 65 万元。（2）付款方式按盐津县中和工业园区孵化园付款比例 60%、30%、10% 支付该笔中介劳务费给罗安彬。（3）四川鼎弘钢结构工程有限公司付清该笔款项后此协议终止。该公司出纳叶某请示公司股东向某后，在《中介协议》上加盖了四川鼎弘钢结构工程有限公司财务专用章。2014 年 3 月 6 日，四川鼎弘钢结构工程有限公司与盐津县建筑工程公司中和项目部签订了《孵化园工程分包合同》。2015 年 1 月 19 日，盐津县建筑工程公司中和项目部与四川鼎弘钢结构工程有限公司签订了解除《孵化园工程分包合同》协议书。2015 年 2 月 10 日，罗安彬到四川鼎弘钢结构工程有限公司公司再次将打印好与上次内容相同的《中介协议》要求盖章，该公司出纳叶某加仍然在《中介协议》上加盖了四川鼎弘钢结构工程有限公司财务专用章。2015 年 6 月 15 日，罗安彬将“兹有盐津县中和工业园区孵化园钢结构厂房工程经罗安彬介绍成功，情况属实”的一份证明，拿到四川鼎弘钢结构工程有限公司要求盖章。该公司员工杨某加盖公司印章，并在事后向公司董事长邓佰军作了汇报。

罗安彬要求四川鼎弘钢结构工程有限公司支付中介劳务报酬无果，于 2016 年 8 月 26 日向云南省盐津县人民法院起诉，请求法院判决被告支付中介劳务费 65 万元。

二、争议焦点

原告代理律师观点如下：（1）原告与被告签订的《中介协议》系双方平等、自愿协商达成，内容不违反法律法规禁止性，合同合法有效，双方之间存在居间合同法律关系。（2）原告依中介协议约定促成被告与第三方签订了《孵化园工程分包合同》，履行了中介协议约定的义务。（3）被告接受原告中介服务后，与第三方达成协议，应向原告支付居间服务费。（4）被告拒绝向原告支付居间报酬，违反诚实信用原则和契约精神，原告要求被告支付居间费的请求证据充分，于法有据。

被告的观点如下：（1）被告未与原告签订《中介协议》，双方没有居间服务关系。（2）《中介协议》加盖的被告公司财务专业印章，不是被告公司对外签订合同的印章，也没有法定代表人签字，该协议对被告公司没有约束力。（3）被告与第三方签订的《孵化园工程分包合同》不是有效合同，而且该合同已解除，因此原告与被告之间不存在服务关系。（4）原告出示的加盖有被告公司印章的证明，是原告打印好威胁公司员工所盖，不具有证明效力。（5）原告的诉讼是虚假诉讼，应追究其虚假诉讼的法律责任。

三、法院裁决

1. 盐津县法院一审结论：驳回原告罗安彬的诉讼请求。一审法院认为：原告主张的居间合同是与被告四川鼎弘钢结构工程有限责任公司签订，但加盖被告公司的财务专用章，被告公司的财务室对外并不能独立承担民事责任，且被告四川鼎弘钢结构工程有限责任公司对该居间合同予以否认。原告未举证证明被告四川鼎弘钢结构工程有限责任公司财务室与原告罗安彬签订中介合同系公司的授权行为，也未举证证明该合同签订后得到了被告四川鼎弘钢结构工程有限责任公司的追认，故该中介协议对被告公司不具有约束力。同时，原告也没有举证证明为被告公司提供了居间服务的相关证据。原告要求被告支付65万元中介服务费，理由不成立，本院不予支持。依据《中华人民共和国民事诉讼法》第六十四条及《最高人民法院关于民事诉讼证据的若干规定》第二条的规定，作出上述判决。

原告罗安彬不服一审判决，向云南省昭通市中级人民法院提出上诉。

2. 云南省昭通市中级人民法院二审结论：裁定撤销盐津县法院撤销判

决，发回该院重审。云南省昭通市中级人民法院二审认为：原判认定事实不清，可能影响案件的正确判决。依照《中华人民共和国民事诉讼法》第一百七十条第一款第（三）项之规定，作出上述裁定。

3.（重审）判决结论：驳回原告罗安彬的诉讼请求。盐津县法院重审认为：本案原告罗安彬与被告四川鼎弘钢结构工程有限公司签订的中介协议无该公司法定代表人签字，加盖的印章是财务专用章，没有加盖该公司印章，合同的形式要件不符合法律规定。原告罗安彬在本案中未提供证据证明向被告提供订立合同的媒介服务，原告罗安彬主张被告四川鼎弘钢结构工程有限公司支付中介服务费的诉讼请求不能成立。根据民事诉讼法第六十四条的规定，当事人对自己提出的主张，有责任提供证据。原告罗安彬提供的证据，不能证明向被告提供订立合同的媒介服务，原告罗安彬应承担举证不能的法律后果。原告罗安彬主张被告四川鼎弘钢结构工程有限公司支付中介服务费的诉讼请求，本院不予支持。依照《中华人民共和国民事诉讼法》第六十四条、《最高人民法院关于民事诉讼证据的若干规定》第二条的规定，遂作出前述判决。

罗安彬不服重审判决，提出上诉。

4. 云南省昭通市中级人民法院二审判决结论：驳回上诉，维持原判。

二审法院对双方证据进行评判认为：上诉人罗安彬对其诉讼主张未提供充分证据，一审法院根据《中华人民共和国民事诉讼法》第六十四条及《最高人民法院关于民事诉讼证据的若干规定》驳回罗安彬的诉讼请求并无不当，上诉人罗安彬的上诉理由不能成立。根据《中华人民共和国民事诉讼法》第一百七十条第一款第（一）项之规定，判决如下：驳回上诉，维持原判。

原告仍不服二审判决，向云南省高级人民法院商榷再审。云南省高级人民法院裁定指令云南省昭通市中级人民法院再审本案。

5. 云南省昭通市中级人民法院再审判决结论：（1）撤销一审、二审判决；（2）由被申请人支付再审申请人居间报酬人民币 65 万元。本院再审审理查明的事实与原一、二审审理查明的事实相一致，认为：原一、二审判决认定事实清楚，但适用法律错误，予以改判。再审申请人罗安彬的再审理由成立，其再审主张本院予以支持。依照《最高人民法院关于适用〈中华人民共和国民事诉讼法〉的解释》第九十条、《中华人民共和国民事诉讼法》第六十四条第一款、第二百零七条、第一百七十条第一款第（二）项之规定，作出上述终审判决。

四、检察院民事监督意见

（一）原审被告提起再审申请及理由

2020 年 4 月 4 日，四川鼎弘钢结构工程有限公司不服云南省昭通市中级人民法院〔2019〕云 06 民再 44 号民事判决，向云南省昭通市人民检察院提出《申请检查监督书》，认为该判决存在明显错误，申请昭通市人民检察院对该提案抗诉。其理由为：第一，涉案《中介协议》违反法律法规强制性规定，为无效合同，其主张的居间关系无效，原判决认定《中介协议》有效系适用法律错误。具体为：（1）涉案工程系杨某借用他人资质违法承建，违法建设活动为无效民事法律行为，《中介协议》因居间活动内容、事项违反法律的强制性规定，属无效合同。（2）杨某以项目部与申请人签署的《孵化园分包建设施工合同》属无效合同；原判决认定《中介协议》有效系适用法律错误。（3）杨某个人并无将涉案工程分包的权力，分包协议为无效合同，涉案居间行为无效。（4）杨某借用资质承包工程违法行为被业主发现后即被清理退场。第二，原判决认定的双方居间关系成立的基本事实缺乏证据。第三，申请人作为实际施工人，承包价格已经下浮了 15%，利润空间已经很小，客观上如再行支付任何其他介绍费用，根本不会去做该工程。合同自始无效，被申请人要求给付中介费的请求不是法律保护的合法权益，其请求不应获得支持。原判决适用法律错误，其认定的主要事实证据不足，有明显错误。

（二）原审原告再审答辩意见

第一，昭通市中级人民法院再审查明的案件事实清楚。

本案事实经原一、二审和再审均查明：原告罗安彬与被告四川鼎弘钢结构工程有限责任公司（以下简称四川鼎弘公司）法定代表人邓佰军经人介绍认识，邓佰军想参与盐津县中和镇工业园区孵化园钢结构厂房工程事务，两人进行了洽谈。2014 年 2 月 10 日，罗安彬将打印好的内容载明介绍工程、支付劳动报酬的《中介协议》拿到四川鼎弘公司盖章，该公司工作人员在协议上加盖了公司财务专用章。2014 年 3 月 6 日，四川鼎弘公司中和项目部与盐津县建筑工程公司签订了《孵化园工程分包合同》。2015 年 1 月 19 日，盐津县建筑工程公司中和项目部与四川鼎弘公司签订了解除《孵化园工程分包合同》协议书。2015 年 2 月 10 日，罗安彬再次将打印好与上次内容相同的《中介协议》拿到四川鼎弘公司要求盖章，该公司出纳叶某仍然在《中介协议》上加盖了四川鼎弘公司财务专用章。2015 年 6 月 15 日，罗安彬将“兹有盐津县中和工业园区孵化园钢结构厂房工程经罗安彬介绍成功，情况属实”的一份证明，拿到四川鼎弘公司要求盖章，该公司员工杨某加盖了公司印章。上述事实由原告提供的证据印证，客观真实，被告虽否认合同效力，认为盖章非真实意思，但未提供足以推翻上述事实存在的证据。

第二，《中介协议》中载明居间服务事项明确，内容不违反法律法规禁止性规定，协议合法有效。（1）居间合同是居间人向委托人报告订立合同的机会或者提供订立合同的媒介服务，委托人支付报酬的合同。从法条文意理解：①居间人向委托人报告订立合同的机会或者提供订立合同的媒介服务；②通过居间服务促成委托人与第三方签订合同；③委托人应向居间人支付报酬；④法条并没有列举居间服务的禁止性条款。从《中介协议》载明的内容看，原告介绍被告介入盐津县中和镇工业园区孵化园钢结构厂房工程施工……的居间服务。也就是说，协议约定的提供签订介绍工程施工的居间服务，根据法无禁止皆可以的民法理论，《中介协议》无论是内容或者外观形态都不存在违法、无效的情形。（2）被告辩称其项目负责人是借用资质承包工程、无权使用项目部印章签订分包合同，因此分包合同无效，中介协议也无效的理由不能成立。首先，中介协议委托人是被告，原告居间人是向被告提供的居间服务，至于最终被告与第三人签订合同是以被告名义签订，还是以其项目部名义签订，合同是盖公司印章还是盖项目部印章完全是被告内部管理和第三人协商的问题，居间人不能左右。其次，被告项目部负责人有无建筑资质或者是否借用资质承包工程，作为原告无法审查。项目部是被告设立，原告有理由相信项目部负责人是代表公司履行职务行为。最后，《中介协议》与《工程分包合同》是两个不同的法律关系，两个合同主体不同、内容不同，造成合同无效的原因也不同，《中介协议》的效力并不是基于《工程分包合同》的效力来确定。另外，被告辩称的分包合同无效也只是其期待的事实。根据我国法律规定，认定合同效力的机关是人民法院或者仲裁机构，被告所称的协议无效，没有提供任何确认该合同无效的证据。这只是被告偷换概念的一种辩解意见，且辩解理由也不能成立。居间人向被告履行了协议约定义务，要求被告支付报酬既合情理又合法理。

第三，云南省昭通市中级人民法院作出〔2019〕云06民再44号民事判决，事实清楚，程序合法，适用法律正确，判决客观公正。

再审查明的事实与原一、二审一致。再审法院根据原被告双方在本案中出示的证据和质证意见，依据合同法的规定从协议构成的要素、协议内容的合法性、协议履行过程，当事人对证明各自主张应承担的举证责任，进行了客观、公正的评析，认为：原告提供的两份《中介协议》虽然时间不同，但内容一致，印章也是被告员工在报经股东同意后加盖。被告辩称的《中介协议》上加章是受原告胁迫出具加盖，没有出示具体证据。在诉讼判决前被告未提供足以推翻上述《中介协议》的相反证据，遂认定原被告之间存在居间合同法律关系，被告提供的《孵化园构成分包合同》也印证原告履行了居间合同义务，于是再审法院依法判决被告向原告支付居间报酬。再审判决事实清楚，程序合法，适用法律正确。原告认为，再审判决应予维持，被告的再审申诉申请应予驳回。

综上，云南省昭通市中级人民法院作出的判决，事实清楚、程序合法、适用法律正确，判决客观公正。被告无新证据、新事由，其再审申请应驳回。请贵院依法查明事实，维护法律的严肃性。

（三）云南省昭通市人民检察院作出不支持监督申请决定

云南省昭通市人民检察院对申请人四川鼎弘钢结构工程有限公司的申诉进行审查，于2020年6月5日作出不支持监督申请决定书，认为该案不符合监督条件，并阐述如下理由。

1. 四川鼎弘公司认为本案《中介协议》无效的理由不能成立。首先，本案《中介协议》的效力并非取决于杨某借用资质承建工程行为的效力或者《孵化园工程分包合同》的效力，以上合同之间主体不同、内容不同、相互之间也不具有法律意义上的从属关系，相互之间的效力独立存在。居间合同是居间人为委托人提供与第三方订立合同机会或者媒介服务，委托人按照约定支付报酬的合同；居间合同的标的不是法律行为，而是介绍委托人与第三方订约的劳务本身；居间人在委托人与第三方订立的合同中既非当事人，也非任何一方的代理人。居间人提供居间服务后，对委托人与第三方是否签订合同，没有实质的介入权，通过居间人介绍，委托人与第三方合同的方式、内容、程度、交易金额等应完全由委托人负责，居间人对此没有决定权，也不应当承担相应的责任。其次，本案两份《中介协议》虽时间不同，但内容相同。四川鼎弘公司从一审至再审一直主张本案《中介协议》系受到罗安彬胁迫而形成，但未提供受到胁迫的证据予以证实。在本案中，基于民事活动的诚信原则，罗安彬有理由认为叶某某、向某某针对本案《中介协议》作出的有关行为得到了四川鼎弘公司的授权，由此形成的《中介协议》是罗安彬与四川鼎弘公司双方真实意思表示的产物。在未出现足以推翻《中介协议》证据的条件下，应当认定《中介协议》真实、有效，并以此确定双方的权利、义务关系。最后，本案中罗安彬要求鼎弘支付中介报酬，只需要《孵化园工程分包合同》成立即可，本案中《孵化园工程分包合同》自双方签字、盖章时，已经成立。本案《中介协议》签订时，四川鼎弘公司已经知道了杨某借用资质承建工程的事实，故不存在双方签订《中介协议》时罗安彬向四川鼎弘公司隐瞒了杨某借用资质承建工程的事实。

2. 本案《孵化园工程分包合同》得到实质性履行，居间活动取得成功。本案中，罗安彬为四川鼎弘公司提供了介绍四川鼎弘公司与杨某合作的居间服务，四川鼎弘公司通过罗安彬的居间介绍成功介入工业园区中和片区孵化园钢结构厂房工程的施工，而且最终进行了相应的工程结算，居间活动取得四川鼎弘公司所期待的实际效果。

3. 四川鼎弘公司认为其作为实际施工人，价格下浮 15%，利润空间很小，客观上不会再行支付其他介绍费，罗安彬主张的居间服务费无事实基础，以及中介费应当根据《孵化园工程分包合同》的实际履行情况作调整等理由，不能成立。

本案争议围绕《中介协议》进行，在双方当事人存在居间合同法律关系，且罗安彬的居间行为成立，四川鼎弘公司未能提供证据证明《中介协议》内容不属实，双方当事人对居间报酬另有约定的条件下，四川鼎弘公司应当按照《中介协议》确定的数额向罗安彬支付居间报酬 65 万元。

综上，决定不支持四川鼎弘钢结构工程有限公司的监督申请。

五、律师说法

本案是一个看似简单的居间合同纠纷案件，从起诉到终结定案历时三年多时间，经过一审、二审裁定发回重审、重审后上诉二审，再到申诉省高级法院指令再到三级法院审理，简单案件变成复杂案件。特别是云南省昭通市人民检察院在行使对民事诉讼监督权时，从案件事实的形成，证据的外观形态和证据内涵的特征，层层剥离，有理有据，应该说为涉案当事人上了一堂生动的法治课。抚案沉思，一桩民事案件基于同一事实、相同的证据为什么会作出不同的判裁结果，笔者认为其中原因是不同法官对法律理解不同，对双方当事人提供自己主张事实的证据证明是否能够还原事实真相的认知不同。笔者作为原告代理人，通过案件代理亦有更多的感悟和启迪，愿与大家分享。

第一，关于对合同法居间合同法律关系的理解。根据居间合同的定义，我们可以理解建立居间合同关系的特征：一是要有委托人与居间人就居间事务经协商达成口头合意或者书面合同；二是居间合同约定的内容是居间人向委托人报告订立合同的机会或者提供订立合同的媒介服务；三是委托人在接受居间人提供的居间服务后要向居间人支付报酬。居间人向委托人主张权利的诉求能否得到支持，除证明双方有居间服务合意外，最重要的是有证据证明自己履行了居间合同约定义务，向委托人如实报告了订立合同的机会或者提供了订立合同的媒介服务，有证据证明委托人与第三方签订的合同是居间人报告订立合同的机会或者提供订立合同的媒介服务促成的。满足上述条件，居间人的诉求即应得到支持，反之则不应得到支持。

第二，关于本案原告提供的证据能够证明为居间委托人提供了服务，委托人、第三人签订的合同是居间人促成的。（1）原告提供的《中介协议》能够证明双方对居间事务有过约定，双方存在居间合同法律关系。《中介协议》尽管是盖的委托人单位财务专用章，但不能否认该章是被告公司印章的事实，至于被告对《中介协议》是盖公司印章还是合同专用章，还是其他印章，完全是被告公司内部管理的问题。持印人是被告公司是员工，原告完全有理由相信持印在协议上盖章是代表公司实施的职务行为。（2）原告提供的委托人与第三人签订《孵化园区工程分包合同》是双方签订中介协议之后，被告方加盖印章也证明签订工程分包合同的过程。从证据证明力的高度盖然性评判能够认定居间人按协议约定向委托人报告订立合同的机会，或者提供订立合同的媒介服务促成其与第三方签订合同，履行了协议约定义务。(3) 原告提供盖有委托人单位印章的《中介协议》，确认其与第三方签订合同的原告介绍成功，尽管被告辩称印章是受原告威胁所盖，但没有证据证明。(4) 证人证言，证明被告与第三方签订合同是原告促成的事实。从原告提供上述证据看能够证明其请求成立。

第三，关于当事人举证责任分配的问题。民事案件实行谁主张、谁举证制度，根据《中华人民共和国民事诉讼法》第六十四条、《最高人民法院关于民事诉讼证据的若干规定》第二条的规定，当事人对自己提出的主张，有责任提供证据。当事人对自己提出的诉讼请求所依据的事实或者反驳对方诉讼请求所依据的事实，有责任提供证据加以证明。没有证据或者证据不足以证明当事人的事实主张的，由负有举证责任的当事人承担不利后果。证据若干规定对举证责任在当事人双方间进行了分配，即：当事人对自己提出的诉讼请求要提供证据加以证明；驳回对方诉讼请求的也有责任提供证据加以证明。就本案而言，原告对自己的主张提出了主张成立的证据，而被告的一概否定，并没有提供具有证明力的证据。按民事诉讼证据的若干规定，法院应根据案件情况进行举证责任分配，比如责令被告提供证明单位对外实施民事行为加盖内部印章不承担责任的证据；提供单位实施民事行为仅有单位印章，没有法定代表人签字合同无效的证据；提供证明被告盖印章是受威胁所盖的证据等。遗憾的是，在法院审理中，法院以被告不认可原告的证据为由，强调和加重原告举证责任，在原告证据满足其诉讼请求的情况下，依然采信被告辩解意见，判决驳回原告诉讼请求。本人以为，法官审理案件的价值取向在于通过证据还原案件的真相，通过对法律的理解作出公允的判断，督促契约当事人遵守诚实守信的契约精神，如非这样，处理结果难免有失公允。

第四，代理人应对代理案件有信心，对法院判决有期待。

律师要完成当事人的委托事务，首先要查清案件的基本事实，从法律视角客观公正地分析评判当事人争议的是非曲直；对案件事实存在的证据要从证据内涵和外观形态予以固定提取。纠纷已经形成，争议当事人站在不同利益角度，一方已很难说服对方。律师要将自己对案件事实的掌握、对法律适用的理解，通过庭审陈述、代理意见向法官倾诉，协助法官厘清案件，期待法院的公正判决。

案例2

附解除条件的房屋买卖合同纠纷案件

杨夏冬

一、案情简介

原告曾某与被告郑某（本律师委托人）、第三人福州联某房产代理有限公司于2017年3月6日签订《房地产经纪合同》，被告郑某将位于福州市台江区茶亭街道某冠花园甲单元转让给原告曾某，总价121.6万元，合同签订后原告支付定金6万元，交由第三人代为保管。《房地产经纪合同》第十四条第十款约定："甲乙双方协商约定于签订本合同后三日内确定上述房产原借款银行是否可以提前还款，若甲方借款银行不同意甲方还款，则三方免责，解除本合同。"若银行同意提前还款则合同继续履行。2017年4月3日，原告收到被告发出的《解除合同通知书》，通知书中被告以"银行拒绝提前还款"为由提出解除合同。2017年6月29日，第三人出具被告未在《房地产经纪合同》签订后的三日内确定本案房产原借款银行是否可以提前还款的证明。另外，《房地产经纪合同》约定违约金为6万元。该房屋为郑某与母亲林某共同共有，但是《房地产经纪合同》上林某的签字是由郑某代签的，且林某有出具公证委托书给郑某持有。一审原告的诉讼请求：一是判决确认被告的《解除合同通知书》无效；二是确认《房地产经纪合同》有效并要求继续履行合同；三是要求被告双倍返还定金12万元；四是请求判决由被告承担诉讼费用。本律师接受被告郑某委托后向法院提出反诉，请求解除《房地产经纪合同》，理由如下：讼争房屋存在抵押贷款，任何银行的抵押贷款合同都有一条通用的约定条款即一年内不得提出还款，被告在签订合同时是知道房子有抵押未满一年的，第三人对此也是知情的。三方在《房地产经纪合同》第十四条第十款约定："甲乙双方协商约定于签订本合同后三日内确定上述房产原借款银行是否可以提前还款，若甲方借款银行不同意甲方还款，则三方免责，解除本合同。若银行同意提前还款则合同继续履行。”合同签订第二天，反诉原告向讼争房屋的抵押贷款银行中国工商银行股份有限公司福州某支行询问能否提前还款，根据提前还款的约定，因贷款发放未满12个月，中国工商银行股份有限公司福州某支行不同意反诉原告提前还款的申请。

二、争议焦点

原告观点如下：

原告曾某认为被告郑某反诉要求解除《房地产经纪合同》没有法律依据。因为按照《房地产经纪合同》第十四条第十款约定，被告郑某未能在合同签订后三日内确定本案房产原借款银行是否可以提前还款，亦未在该合同签订之日起三个工作日内开始申请办理注销该房产抵押手续，被告郑某已经构成违约。因此，根据合同法规定，被告无权利要求解除合同。原告认为没有收到被告任何关于本案房产解押还款时间的通知，为了更好地履行合同，原告还在2017年3月18日自行委托福建某诺土地房地产评估有限公司对本案房产进行评估，于2017年3月26日将按揭购房的材料和钱款准备好，并发函催告被告郑某办理相关手续。被告未按合同约定履行义务，违背诚信，原告要求驳回被告的反诉，支持本诉请求。

被告观点如下：

根据讼争合同第十四条第十款约定，甲乙双方协商于签订本合同后三日内确定上述房产原借款银行是否可以提前还款。确定能否提前还款不仅是被告郑某的义务，也是原告曾某的义务。被告郑某已及时履行义务，得到原借款银行不能提前还款的答复，并将答复告诉原告曾某，原告曾某自身也有履行的义务却没有提供相应的证据证明，这说明原告曾某明知讼争合同不能提前还款。

2017年3月8日，原告郑某同林某金（产权共有人）等人前往福州市公证处公证，委托高某燕处理房屋买卖事宜。高某燕是第三人的员工，其代理行为为履行职务行为。委托书代理权限第一条明确约定由第三人代为办理讼争房产的申请还款手续、抵押注销受理手续、解押还款手续。另外，讼争合同第十四条第六款约定，若甲方不配合办理相应的交易手续，丙方有权持公证书代理甲方配合乙方办理相应的交易手续。

从委托书的代理权限和讼争合同的约定可以看出，第三人福州联某房产代理有限公司有权办理讼争房产的提前还款手续。如果讼争房产能提前还款，第三人作为居间方和代理方，有义务也有权利在合同签订后三日内确定是否可以提前还款，但第三人在长时间内没有申请还款手续，可以证明讼争房屋无法提前还款，第三人对讼争房屋不能提前还款是知情的。第三人出具《证明》证明被告郑某未按照合同约定在三日内确定讼争房屋是否可以提前还款，但事实上，被告郑某已经就能否提前还款向银行进行询问，银行只是口头答复不再出具书面材料。第三人如果认为银行可以出具是否提前还款的书面材料，第三人自身完全有权向银行索取，以证明被告郑某确实未按照约定履行义务。

只有银行同意被告郑某提前还款解押，被告郑某才能配合原告曾某办理银行按揭签约手续，因讼争房屋无法提前还款解押，合同已经没有继续履行的可能性。原告曾某为获取房屋、第三人为获取服务费用，明知讼争房屋无法提前还款，无法达到交易目的，仍然一直催促被告郑某进行交易，明显违反诚实信用原则，存在欺诈。如果认定被告郑某违约，则违约责任应当由原告曾某和第三人承担。

三、法院裁决

一审法院认为本案讼争合同是附解除条件的合同。根据法律规定，附解除条件的合同，自条件成就时失效。因此不以被告郑某发出《解除合同通知书》到达原告曾某及第三人时解除，而是以所附解除条件即贷款银行不同意提前还款之事实成就时，讼争合同自然解除而失效。现被告郑某虽然提出其在签订讼争合同后三日内已经询问贷款银行并得到不同意提前还款的答复，但基于讼争合同明确约定是双方确定，因此曾某、郑某、林某金应当按照讼争合同之约定，在签订讼争合同后三日内共同前往贷款银行咨询是否同意提前还款。现双方并没有在签订讼争合同后三日时限内，共同前往贷款银行咨询并确认贷款银行是否同意提前还款已是不争的事实。基于上述讼争房屋存在抵押借款，至签订讼争合同时未满 12 个月，不满足提前还款的条件，因此曾某、郑某及林某金没有共同前往贷款银行咨询并确定的行为，视为双方已经确定贷款银行不同意提前还款，因此所附解除之条件成就，讼争合同于签订后三日内确定时限届满之次日即 2017 年 3 月

10 日解除而失效，且三方无责。一审判决，一是驳回原告曾某的诉讼请求；二是确认原告与被告于 2017 年 3 月 6 日签订的《房地产经纪合同》所附解除条件成就而于 2017 年 3 月 10 日失效；三是第三人福州联某房产代理有限公司在本判决生效之日起十日内，将代管的定金 6 万元退还曾某。

一审判决后，曾某对于解除合同无异议，但对未支付违约金一项不服，向福州市中级人民法院提起上诉，上诉请求维持一审判决并要求被上诉人郑某、林某金向曾某支付违约金 6000 元。二审法院认为根据讼争合同第十四条第十款约定，讼争合同得以继续履行的前提是原借款银行同意林某金提前还款。根据《个人购房借款担保合同》，林某金抵押未满 12 个月，不符合合同约定的提前还款条件，且曾某未能有效举证证明原借款银行同意林某金提前还贷。原审法院判决讼争合同解除，判定正确，本院予以维持。同时，被上诉人郑某应当在合同签订后三日内（2017 年 3 月 7 日至 9 日）向借款银行咨询并申请提前还款，当原借款银行表示不同意提前还款，且不同意出具书面答复意见时，应及时通知曾某和福州联某房产代理有限公司共赴原借款银行进行确认，故郑某、林某金已经构成违约，该行为并不构成根本违约，不是导致讼争合同解除的原因。综合考量曾某的实际损失及郑某、林某金的过错程度和房价上涨等因素，根据公平原则，曾某提出郑某、林某金支付 6 万元违约金过高，本院予以酌减为 3 万元。

四、律师说法

根据房地产市场的趋势，各地的房屋基本是涨价的，所以一旦出现涨价，那出卖人就可能想尽各种办法来解除房屋买卖合同。但是作为法院来说，无特殊情况，一般是支持继续履行，因为维持合同交易的稳定性，就是合同法立法的目的。过多的出卖人为了获得利益随意地解除合同，导致市场出现混乱，交易失衡，最终市场交易的诚实信用基础将会丧失。本律师办理过的一些房屋买卖合同纠纷的案例中，法院一般对于买受人的一些违约行为会给予宽容。比如，本案中，被告支付定金的时间应当是 2017 年 3 月 6 日，因为合同约定签订合同当日被告足额支付定金 6 万元，但是被告拖到了 2017 年 3 月 8 日支付。二审法院认为，根据交易惯例与诚实信用原则，曾某不构成违约。因此，本来郑某是想以曾某逾期支付定金为由来主张对方违约在先的，但是法院却不予认定。再者，房屋买卖合同中出卖人经常会以未经共有人同意或者未经授权签订合同为由进行抗辩，也是存在一定不予支持风险的。因为中介是房屋买卖合同中出现的普通第三人或者共同被告，中介的参与，法院一般更倾向于认定交易已经取得授权，况且中介还经常会特别约定未经授权出卖的要赔偿违约金之类的，所以签订合同的当事人一定要认真谨慎，不可随意代理签订。2017 年 7 月，本律师代理一起房屋买卖合同纠纷，当时原告主张继续履行合同，本人作为被告律师出庭答辩，经过详细研究合同，发现合同有约定“甲乙双方同意任何一方均可以承担本合同第十条约定的所有违约责任为代价而解除合同”。所以，本人据此称合同也是有约定解除条件的，现被告不同意继续履行，反诉要求解除。经我方反诉后，法院驳回了原告的诉讼请求。因此，本案例分析的案件，对于将来引导大家签订房屋买卖合同相信会有所帮助。

根据我国法律相关规定，解除合同有协商解除、约定解除和法定解除三种情况。

1. 协商解除是在双方达成合意的基础上就合同的履行进行约定，协商的前提可能是客观情况的变化导致合同不能或者没有必要继续履行，双方基于合同解除后各方的权利义务进行协商处理，双方一般采用签订书面解除协议的方式进行解除，避免双方的纠纷，减少不必要的诉讼。

2. 约定解除：合同可以约定生效条件，也可以约定解除条件。当约定的解除条件成就时，一方取得行使合同解除权的权利，合同的解除必须通知对方，在通知到达对方时合同解除。如果双方对于合同解除产生争议的，可以诉至法院，最终由法院判决合同是否解除。

3. 法定解除是指合同法中对于解除合同的情形进行列举，符合法律规定的情形的，守约的一方可以行使解除合同的权利，解除合同是单方面进行的，但需要通知到违约方。同时，违约的一方因为其存在先行的违约行为导致合同解除，故往往需要承担相应的违约责任。

合同解除或终止前，最重要的一个环节就是告知或催告相对方。相关的函件应当以书面的方式邮寄给对方，还要保留邮政快递的签收回执，发出的函件还要一式二份，自己保留一份作为诉讼证据使用。对方在收到催告后，拒不履行或者未作合理答复的，法院在审理过程中，就可以认定发函人主观上不存在恶意违约或拖延履行。我国原合同法第九十七条规定：

“合同解除后，尚未履行的，终止履行；已经履行的，根据履行情况和合同性质，当事人可以要求恢复原状、采取其他补救措施，并有权要求赔偿损失。”可以看出，我国原合同法将合同解除的效力分成两个部分，无溯及力和有溯及力。(1) 合同尚未履行的，终止履行。对尚未履行的合同，解除合同只须单纯地终止合同的权利义务。因此这类合同的解除没有溯及力。(2) 合同已履行，要根据履行的情况和合同的性质来决定合同是否有溯及效力。

案例 3

无履行期限的收据引发的纠纷案件诉讼时效剖析

杨夏冬

一、案件简介

原告吴某是从事运输业的个人，被告福建某喜设计装饰工程有限公司2013年至2014年间，将其公司名下的福州台江区宇洋项目部的垃圾外运业务委托给原告运输，每拉一车垃圾运费为300元。2013年12月24日至2014年5月4日间原告吴某共拉265车，运费总计为79500元。被告公司的项目负责人游某当天或累计几天为原告出具收款收据，并盖有“福建某喜设计装饰工程有限公司宇洋项目部”的印章，并由游某签字确认。

经原告多次催讨，被告公司于2015年2月27日通过转账的方式支付了3600元运费，剩余75900元运费至今未付。另外，被告公司2016年4月22日由福建某喜设计装饰工程有限公司更名为福建某喜装饰有限公司。

本案所代理的是原告吴某，对于委托人提供的收款收据我们复印整理，发现这些收款收据是从文具店购买的常用的一式三联的印刷普通收款收据，被告出具的收款收据出现多笔联号。再者，委托人提供了在2015年2月27日收到被告支付的银行汇来的运费一笔3600元。经查，这个款项的实际汇款人为吴某丹，但是吴某丹在转款时有备注：某喜公司转款（从银行历史流水可以看出）。因此，原告向法院提供的一审证据有三份：（1）收款收据；（2）银行历史流水；（3）被告的企业基本信息。案件整理后，本律师代理向人民法院提起诉讼要求被告支付运费75900元，起诉日期为2017年9月15日。

二、争议焦点

原告吴某为福建某喜设计装饰工程有限公司运载垃圾时，是基于口头协议达成的合同关系，双方对于款项支付时间并没有约定，收款收据是根据每天的运输费用结算而来，只作为最后结算的凭证，但是并不是被告当时现场付不起运费所出具的。吴某作的是装修工程的第一道工作，本身很多工程款是等装修全部完成后才结算的（但是吴某并不负责后面的装修工程，因此工程何时结算完工，吴某是不知情的，所以吴某何时找福建某喜设计装饰工程有限公司结算运费，这个时间是不可预计的），更何况本案吴某与福建某喜设计装饰工程有限公司根本没有约定付款时间。

而对于游某是否取得被告公司的授权，在被告自行提供法院的证据材料《项目部印章委托保管协议》中，已经有看到使用与原告提供证据一样的“福建某喜设计装饰工程有限公司宇洋项目部”的印章，而且被告提供的证据《垃圾外运费用》上有游某的签字，可以证明游某是被告的公司人员。最后被告提供的《费用报销单》能够证明吴某丹是被告公司的财务人员。因此三份证据材料对原告极为有利，可以认定本案的吴某丹 2015 年 2 月 27 日收到的转运费 3600 元是经过被告公司同意的，本案的事实已经非常清楚。

一审被告辩称原告的起诉已经超过诉讼时效，认为收款收据是对于当日应当支付款项未付所写的欠条，诉讼时效应当从出具收款收据之日起开始计算二年，且被告最后一次付款日期为 2015 年 2 月 27 日，因此诉讼时效在 2017 年 2 月 27 日届满，请求法院驳回原告的诉讼请求。被告认为原告主张的运费应当由工程项目所在地参与的三家公司共同分担，被告已经承担其公司应当承担部分，余下未付部分要由原告自行找其他二家公司主张支付，被告因此提供了《垃圾外运费用》证据（无原告签字确认）。被告同时对游某在收款收据上的签字与盖项目部印章两个行为均不予认可，表示盖章与签字均未经其公司授权，该行为对被告不发生法律效力，由此产生的法律后果由游某个人自行承担，因此被告提供了《项目部印章委托保管协议》。根据该协议，游某不得使用本项目印章开具任何内容的欠据、结算凭证，被告借此证明游某的盖章行为违反《项目部印章委托保管协议》，不具有法律效力。

四、法院裁决

一审结果：法院经过审理，认为被告答辩原告起诉已经超过诉讼时效成立，因为原告提供的收款收据出具的日期为 2013 年 12 月 24 日至 2014 年 5 月 4 日，被告公司最后一次付款时间为 2015 年 2 月 27 日，依照原民法通则第一百三十五条规定："向人民法院请求保护民事权利的诉讼时效期间为二年，法律另有规定的除外。"基于本案的诉讼时效在 2017 年 2 月 27 日届满，现原告并未提交任何证据证明存在诉讼时效中断或中止的情形，原告起诉已经超过法定的诉讼时效，一审判决驳回原告吴某的诉讼请求。

二审吴某上诉结果：二审时，代理人与委托人进行了交流，得知委托人在微信中有多次向被上诉人福建某喜设计装饰工程有限公司的经理孔某进行过催讨运费的事实。微信聊天记录的时间为 2015 年 2 月 27 日至 2017 年 2 月 27 日。再者，2017 年 1 月 23 日，原告本人到被告的公司去催讨，当时还在公司门口拍照了，从拍照日期可以证实催讨时间。因此上诉人对于微信聊天记录进行了公证，将公证书与相片作为证据提交二审法院。二审法院经过审理，认为有证据证明上诉人吴某于 2017 年 2 月 17 日向被上诉人福建某喜设计装饰工程有限公司主管主张过运费，认为诉讼时效从 2017 年 2 月 17 日中断后重新计算，上诉人吴某在 2017 年 9 月 15 日提起诉讼未超过诉讼时效。因此，二审法院作出裁判撤销一审判决，改判支持上诉人吴某的部分诉讼请求（扣除福建某喜设计装饰工程有限公司一审提供的已经支付的部分款项）。

五、律师说法

本案的争议焦点主要有两个：其一，本案是否已经超过诉讼时效。因为 2013 年 12 月 24 日至 2014 年 5 月 4 日期间出具的收款收据是不是属于"欠条"的性质，即对结欠款项未支付的确认，这个成为本案首要的焦点问题，如果认定为是欠条性质，那对于运输合同关系来说，可能将认为原告的起诉已经超过诉讼时效。其二，原告吴某与被告福建某喜设计装饰工程有限公司是不是存在运输合同关系，是否存在其他公司来共同分担运费问题。因为原告提供的收款收据盖的并不是被告的公章，而是被告一个项目部专用章。另外，部分收款收据只有游某个人的签字，且被告辩称运费就应当由在工地现场的参与施工的三家单位共同承担，还向法院申请追加第三人星某建筑集团有限公司。

该案件本律师接受了原告吴某的委托，案件接手后我们重点在研究三个问题：一是被告对于“福建某喜设计装饰工程有限公司宇洋项目部”这个印章的真实性是否认可。二是收款收据上签字的游某与福建某喜设计装饰工程有限公司的关系。因为有的收款收据没有任何盖章，所以证明游某与福建某喜设计装饰工程有限公司的关系就很重要。三是福建某喜设计装饰工程有限公司宇洋项目部是否会认可它就是本案合同的相对人，会不会辩称其与吴某不存在运输合同关系。因为建设施工合同中的各个环节不排除各种转包、分包的行为。但是被告提供的证据却将原告的顾虑基本打消，因此无论作为原告还是被告在举证与诉讼思路上均应当要多方思考，诉讼的目的就在于下好一盘棋，做好退路，更不可为对方提供有利证据。相反，被告的一审庭审答辩称诉讼时效已经超过，这一点是始料未及的。

我国原合同法第二百九十二条规定：旅客、托运人或者收货人应当支付票款或者运输费用。承运人未按照约定路线或者通常路线运输增加票款或者运输费用的，旅客、托运人或者收货人可以拒绝支付增加部分的票款或者运输费用。因此，原合同法对于运费的支付方式并没有约定是当场支付。所以收款收据并不构成法律上的结欠字据的效力，但是福建某喜设计装饰工程有限公司于 2015 年 2 月 27 日支付的运费 3600 元，是不是应当就此认为原告吴某已经知道权益受到侵害呢？因为我国法律规定，诉讼时效期间从知道或者应当知道权利被侵害时起计算。因此一审法院就是认定原告吴某在主张支付运费时，被告并没有全额支付，以实际行动表明不支付余下运费了，故吴某应当知道权益受到侵害，诉讼时效便从 2015 年 2 月 27 日之日起开始计算。

关于诉讼时效的问题，也是经常让众多当事人所不解与困惑的。收条、欠条、借条，经常有当事人对于这三者的诉讼时效产生不同的理解。收条或借条是借款人在收到本金后出具给出借人持有的证明收到款项的凭证。收条或者借条没有写明还款日期的，诉讼时效为 20 年。如果有写还款日期的，那诉讼时效从还款日期届满后开始计算 3 年。因此，不能简单地认为借条或收条的诉讼时效是 20 年，应当看有无约定还款日期。

欠条则分两种，一个是货款的欠条，一个是借款未还的欠条。对于这两种欠条的诉讼时效，在法律规定上也是有所不同的。针对本案当时审理的情况，《最高人民法院关于债务人在约定的期限届满后未履行债务而出具没有还款日期的欠款条诉讼时效期间应从何时开始计算问题的批复》（1994年3月26日，现已失效）全文如下："山东省高级人民法院：你院鲁高法〔1992〕70号请示收悉。关于债务人在约定的期限届满后未履行债务，而出具没有还款日期的欠款条，诉讼时效期间应从何时开始计算的问题，经研究，答复如下：据你院报告称，双方当事人原约定，供方交货后，需方立即付款。需方收货后因无款可付，经供方同意写了没有还款日期的欠款条，根据《中华人民共和国民法通则》第一百四十条的规定，对此应认定诉讼时效中断。如果供方在诉讼时效中断后一直未主张权利，诉讼时效期间则应从供方收到需方所写欠款条之日的第二天开始重新计算。此复。"因此最高人民法院对于货款所形成的欠条，已经作出明确解释，只要双方当事人原来交易是交货时当即付款的，付款人因无能力付款，而写下欠条的，欠条在书写时已经表明欠款人以行为表示不偿还款项了，所以诉讼时效是从书写当日开始计算。相反地，如果交易不是货到当即付款的，所写的欠条，诉讼时效则不能从欠条出具之日起开始计算。详见《最高人民法院关于买受人在交易时未支付价款向出卖人出具没有还款日期的欠款条诉讼时效期间应从何时开始计算问题的请示的答复》（2006年3月10日）："广东省高级人民法院：你院粤高法民一请字〔2005〕1号《关于买受人在交易时未支付价款向出卖人出具没有还款日期的欠款条诉讼时效期间应从何时开始计算问题的请示》收悉。经研究，答复如下：根据你院报告所述情况，冯树根向广州市白云农业综合服务有限公司（以下简称白云农业公司）购买农药，双方并未签订书面买卖合同，也无证据证明双方对合同的履行期限进行约定，因此，该合同属于未定履行期限的合同。……"根据原合同法第六十二条第一款第（四）项及原民法通则第八十八条第二款第（二）项、第一百三十七条的规定，本案诉讼时效期间应从白云农业公司向冯树根主张权利时起算。

然而对于借款所形成的欠条，诉讼时效从何开始计算？杨律师认为，借款的欠条有别于货款所形成的欠条，法院在审理过程中也不能直接适用法复〔1994〕3号批复的规定。对于借款欠条的诉讼时效，也要先分析欠条上是否约定了还款日期。有约定还款日期的，诉讼时效自然从期限届满之日起开始计算。未约定还款日期的，还款日期从何时开始计算呢？杨律师认为，这个就要分析欠条形成的双方的意思表示与欠条出具的背景。首先，如果双方当事人在协商一致的情况下以书写欠条的方式来代替双方之间的借款合同的，欠条的形成时间也就是在借款形成的当日，那应当认定这个欠条是借款合同的体现形式。虽然没有约定还款日期，但是诉讼时效不应当从出具欠条当日起开始计算，因为借款当日形成，主张当日还或者推定借款人就此不还款，这个与事实都是不符合的，因此对于这样的欠条从知道或应当知道权利受侵害之日起计算。其次，如果欠条的出具之前已经形成了借款关系，且出借人在期限届满后找借款人催讨，但是借款人无力偿还，故借款人出具无还款日期的欠条，我们认为这一欠条已经可以证明出借人已经知道权益受到侵害，故诉讼时效应当从出具欠条之日起计算。最后，如果原借款关系的偿还期限未到或者未约定还款期限的，借款人找出借人重新对账，再次签署所写的欠条，如果无相关证据证明被告在签署欠条时以行为表示不偿还的，则应当认为这个欠条是出借人与借款人对于借贷关系的补充约定，诉讼时效应当从知道或应当知道权利受侵害之日起计算，或者适用20年诉讼时效。需要注意的是，如果有证据证明虽然没有还款日期，但是应当知道出借人已经拒不偿还的，那么这个情况下所写的没有还款日期的欠条，诉讼时效也应当从当日起计算。

结合本案的判例，我们要注意的是对于没有还款日期的借条或者收条，在债务人偿还部分款项后，有余款未偿还的，要注意是否已经构成“知道或者应当知道权利被侵害。”避免措施主要有三种：其一，与债务人重新签署借条；其二，及时起诉；其三，至少一年书面催讨一次。

案例 4

对方故意隐瞒订立合同的关键事实，法院判决撤销合同

杨永存

一、案情简介

2018 年 6 月，原告侯少营等五人找到杨永存律师，称他们在北京市昌平区承租了一块土地并建房，在 2017 年底拆迁。按照双方约定，如遇拆迁，出租方获得补偿款的 15%，侯少营等人获得补偿款的 85%；拆迁当时，出租方说只收到 1000 多万元的拆迁补偿款，双方就按照合同约定计算了各自的拆迁补偿款的金额后，与出租方达成了拆迁协议，领了拆迁款。现在侯少营等五人从其他渠道得知，出租方实际拿了 2000 多万元的拆迁款，他们五人觉得被骗了，找律师帮忙，希望把他们少拿的拆迁款再要回来。

原告侯少营等五人与转租方北京华章伟业商贸有限公司签署协议，在北京市昌平区租赁了案涉土地，侯少营等人是三包（即次承租人），在承租的土地上盖了房。出租方是案外人北京南牧兴资产管理中心有限公司，转租方（二包）是北京华章伟业商贸有限公司（以下简称华章伟业公司）。2017 年底，涉案土地拆迁，侯少营等人与转租方（二包）华章伟业公司经过协商，签署了拆迁协议，转租方给了侯少营等人每户 30 万元至 200 万元不等的补偿款。拆迁协议已经签字了，补偿款也已经收到，就连发票也已经按照转租方的要求开完了。

现在，侯少营等人通过其他途径得知，转租方华章伟业公司欺骗了他们——双方在签订拆迁协议的时候，转租方华章伟业公司说只从南牧兴公司拿了总共 1000 万元左右的补偿款；然后转租方已经按照侯少营等人各自承租的面积以及地上房屋的面积计算并支付了补偿款。现在侯少营等人得

知，转租方华章伟业公司实际拿了2000多万元的补偿款，与转租方之前所说的1000万元差了一倍还多。侯少营等人找到律师，希望律师能帮助他们，调取评估公司给他们提供的评估报告——因为侯少营等人在拆迁以前，确有评估公司到过现场，每户都测量了土地和房屋的面积，对装修、地上物都有评估。

侯少营等人所能提供的证据只有他和转租方华章伟业公司签署的租赁合同的复印件，他们就想让律师帮忙调取真实的评估报告，是不是真的评估了2000万元。

律师经过分析认为，侯少营等人的目的不是为了调取一份评估报告；调取评估报告并不是难事，向法院起诉，法院出具调查令即可调取。但问题是，调取一份评估报告对于这个案件能起到多大的作用？评估报告的金额就一定是出租方补偿给转租方华章伟业公司的金额吗？如果不一致怎么办？另外，即使评估的金额与出租方补偿给转租方的金额一致，与原告侯少营等人又有什么关系？因为侯少营等人与转租方华章伟业公司已经签署了解除协议并履行完毕。虽然侯少营等人认为，转租方华章伟业公司没有将实际取得拆迁款的真实数额如实告诉他们，真实的补偿款的金额可能在这个基础上多出一倍还多。但本案的关键是，侯少营等人都已经是完全民事行为能力人，他们与转租方一定是经过多次协商之后，才签署了租赁合同解除协议和腾退协议，并且协议都已经履行完毕。现在想把已经签署的协议推倒重来，谈何容易?!

但是凭借多年来的律师执业经验，律师相信侯少营等人所述的情况应该是真实的，很有可能转租方华章伟业公司在签署解除协议时，并没有将真实的情况如实告知委托人。

经过梳理，律师认为，本案是因欺诈而签署的解除协议，作为转租方，在签署合同的过程中，可能故意隐瞒其获得拆迁款的金额，导致当事人在不知情的情况下，陷入错误的意思表示而签署了解除协议。本案当事人就是希望申请人民法院认定转租方华章伟业公司有欺诈行为，从而撤销已经签署的解除协议，重新分割补偿款。

民事诉讼，证据为王。仅凭律师的确信，怎么能赢得法官的信任？怎么用证据来说服法官，撤销已经签署的解除协议，重新分割补偿款，就成为本案的关键所在。

代理律师注意到，委托人与转租方签署的租赁合同里有这样一条约定："如遇拆迁占地时，补偿后，甲方获得补偿款15%。"这里的甲方，是指转租方华章伟业公司；那么就是说，双方在2005年签署租赁合同时，就已经注明，如果遇到拆迁，甲方华章伟业公司取得补偿款的15%；乙方取得拆迁款的85%。这里就具备了第一个条件：甲方华章伟业公司取得拆迁款的多少，对于乙方侯少营应当获得多少补偿款，就能起到决定性的作用。如果如委托人所述，拆迁时，转租方华章伟业公司告诉他们的拆迁款金额与实际领取拆迁款的金额相差一倍之多，那么，本案就具备了撤销的一个基本条件：委托人确因转租方的未如实告知而受到损害。

但这仅仅是本案中的一个必要条件之一，另外一个关键点还在于，如何证明转租方华章伟业公司在当时签署协议时构成欺诈呢？按照法律规定，华章伟业公司在签署合同当时，是否存在"故意告知对方虚假情况或者故意隐瞒真实情况，诱使当事人作出错误的意思表示"的客观行为？怎样来搜集充分的证据？

经过多次与当事人沟通，他们手机里存有一张照片，照片是一张表格：《附表：北京市集体土地住非宅房屋腾退估价结果通知单》（以下简称《估价通知单》），盛华腾估字（2017）第114号-001-010。在这份通知单里，明确有表明被腾退人：（一包）张国章（华章伟业公司法定代表人，律师备注），（二包）侯少营；房屋坐落、建筑面积、房号、被腾退房屋重置成新价款等。然而律师发现，这份评估单，没有任何单位的盖章，怎么能证明这就是转租方提供的呢？细心的律师再次研究，因为作为电子证据的照片，里面有详细的拍摄时间、地点，与签署合同的时间、地点完全一致，并且这上面有两处明显的错误：（1）"住非宅"应当是"非住宅"；（2）（一包）张国章，应当是（一包）华章伟业公司，专业的评估公司绝对不能出现这样低级的错误。而且，五名委托人拍摄照片的时间和地点都非常接近，如果能在诉讼中申请法院调取评估公司出具的评估报告，与被告提供的这份评估单比对，就一定能查出真相！

案件立案之前，代理律师先到涉案评估公司去了解情况，以保证案件的成功率。找到评估公司得到的答复是：（1）我们的评估是受南牧兴公司委托所做，只对委托人负责；（2）没有单独对侯少营的承租面积进行评估并出具评估报告；（3）没有法院的调查令，代理律师无权调取上述证据。

如果没有给侯少营单独评估，转租方华章伟业公司怎么可能有这样一份《估价通知单》？没有无风险的诉讼。代理律师就本案充分告知了诉讼风险，然后向法院提起了“解除协议撤销之诉”。

在申请法院调取了南牧兴公司与华章伟业公司签署的腾退协议和北京盛华翔伦房地产土地评估有限公司的《房地产估价报告》后，经过律师细心地比对发现，虽然没有对侯少营的房产进行单独的评估，但是《房地产估价报告》里有一份与被告提供的《估价通知单》类似的附表，见附图二，但其被腾退人为华章伟业公司，为盛华腾估字〔2017〕第114号-001。与附图一比较，结果就出来了——其中附图一中的房号1—7，分别与图二的房号62—68号相对应，面积一点不差，但评估价格相差巨大。

本案经过四次庭审，前后三次调取评估单位的档案、评估报告、南牧兴公司与转租方北京华章伟业签署的腾退补偿协议。法院依法查明如下事实：

2004年12月28日，被告北京华章伟业商贸有限公司承租了北京市昌平区霍营国特公司西、变电站东北角面积为22.37亩的土地，租期自2005年1月1日至2024年12月31日。出租方为案外人南牧兴公司。

2005年初，被告华章伟业公司将上述地块分割转租给原告侯少营等多人，侯少营等人分别在上述地块建设了房屋及附属设施并使用。

2015年4月，就续租问题，被告华章伟业公司（甲方）与原告侯少营签署了《北京市市场场地租赁合同》，合同约定：经甲乙双方协商同意，乙方向甲方续租位于昌平区东小口镇长霍营北黄平路2号场地；起租时间自2015年4月24日至2024年12月30日止；单价为4万元；付款方式为按租赁期间提前一个月交纳年租金，每年一次性付清年租金，租金不含税收在内；现在建筑乙方不得再建，如要建设，必须经甲方同意书面证明，否则甲方有权强行拆除；乙方在合同期内，如遇国家用地，房地产开发，公路扩建等，在不可抗力情况下，甲乙双方自行终止合同，甲乙双方各不负任何责任；如遇拆迁占地时，补偿后，甲方获得补偿款15%。

2017年下半年，昌平区相关部门启动了涉案地块的腾退工作。受南牧兴公司委托，北京盛华翔伦房地产土地评估有限公司于2017年11月20日针对华章伟业公司承租的整个地块作出《房地产估价报告》。该《房地产估价报告》的主要内容为：房屋建筑面积为13657.50平方米；被腾退房屋重置成新价款为14296288元；装修、设备及附属物重置成新价款为3784947元；评估价值合计18081235元。

2017年12月29日，根据上述《房地产估价报告》的结果，案外人南牧兴公司（甲方），案外人北京北郊农场有限公司（乙方）与华章伟业公司（丙方）签订《地上物腾退协议书》。该协议约定，针对昌平区东小口镇水都河西岸地块拆除腾退项目，由甲方负责腾退和拆除工作，场清地平后，将腾退地块交付给乙方管理和使用，乙方根据腾退协议书和审计报告支付腾退补偿金。该协议第一条约定："一、腾退土地的位置或名称、腾退日期。丙方同意于2018年1月12日前将位于昌平区东小口镇霍营水都河西岸腾退地块约定22.37亩的土地及全部地上物腾退完毕，并交付甲方，由甲方收回土地使用权"。该协议第二条约定："二、腾退补偿金的支付。1.本协议约定腾退补偿金（腾退补偿金包括但不限于地上物补偿）为人民币21563608元，腾退补偿金包括：①被腾退房屋重置成新价款为11437030元（评估价格为14296288元的80%）；②装修、设备及附属物评估价值为3784947元；③搬家补助费为341438元；④停产停业综合补助费为4973355元；⑤奖励费为1026838元。2.丙方按照本协议中所约定的期限内将土地腾退完毕交付给甲方，并于审计结束后30日内向乙方提供符合税务规定的正规票据之后，乙方将腾退补偿金支付给丙方。"上述地上物腾退协议书签订后，华章伟业公司已经将案涉土地及地上物交还给北京北郊农场有限公司，北京北郊农场有限公司也将腾退补偿金21563608元支付给华章伟业公司，华章伟业公司亦按照约定向北京北郊农场有限公司开具了发票。

法院另查明，在华章伟业公司与侯少营洽商解除合同的过程中，华章伟业公司未将涉案房屋以及地上物的评估及补偿情况如实告知侯少营，但向侯少营提供了无评估机构盖章的《估价通知单》，并表示该《估价通知单》是北京盛华翔伦房地产评估有限公司针对侯少营所建房屋进行的评估。该《估价通知单》的主要内容为：侯少营所建房屋建筑面积为2192.95平方米；重置成新价款为1498389元，根据昌正发〔2016〕15号文件规定，重置成新价按照评估额的80%计算，调整后的重置成新价为1198711元；装修、设备及附属物价值为455506元；评估价值合计

1654217.20 元。后双方以该《估价通知单》为计算依据，于 2018 年 1 月 30 日签订了《租赁合同解除书》，约定：鉴于甲、乙双方签订了《租赁合同》，现因北京市集体土地非住宅房屋腾退，甲、乙双方经过平等协商，一致同意订立如下条款，以解除租赁合同及补充协议："一、为积极支持政府工作，现租赁合同终止，按照实际租赁期，核定实际租金金额，多退少补；二、腾退金额核定 1408017 元，退还租金 80600 元，腾退金与退还租金数额合计共 1488617 元，一并在 5 个工作日内打入收款人银行账户中。"上述《租赁合同解除书》签订后，华章伟业公司实际向侯少营支付了 1570565 元，针对多支付的 81948 元，华章伟业公司称是额外奖励的费用。

本案审理过程中，北京盛华翔伦房地产土地评估有限公司对《估价通知单》的真实性不予认可，否认曾对侯少营所建房屋进行过正式评估，认为该《估价通知单》不应产生法律效力。

从北京盛华翔伦房地产土地评估有限公司针对整个地块作出的《房地产估价报告》中可以区分出侯少营所建房屋的建筑面积为 2192.95 平方米，重置成新价为 2144053 元，不能区分出装修、设备及附属物的价值，但其同意仍按照《估价通知单》中载明的金额予以计算。

现侯少营认为华章伟业公司提供了虚假的《估价通知单》，隐瞒了其与南牧兴公司、北京北郊农场有限公司签订的《地上物腾退协议书》，导致侯少营作出了错误的意思表示，故请求本院撤销双方签订的《租赁合同解除书》，同时提出其他诉讼请求。

二、争议焦点

法院经审理后认为，侯少营与华章伟业公司签订的《北京市市场场地租赁合同》系双方当事人真实意思表示，且不违反法律法规的强制性规定，该合同合法有效。

一方以欺诈、胁迫的手段或者乘人之危，使对方在违背真实意思的情况下订立的合同，受损害一方有权请求人民法院或者仲裁机构变更或者撤销。一方当事人故意告知对方虚假情况或者故意隐瞒真实情况，诱使当事人作出错误的意思表示的，可以认定为欺诈行为。本案争议焦点是，在签订《租赁合同解除书》的过程中，华章伟业公司的行为是否具备欺诈的构成要件。第一，华章伟业公司是否有客观上的欺诈行为。欺诈行为的客观表现是，对订立合同的有关事项虚假陈述或者隐瞒。本案中，双方在《北京市市场场地租赁合同》中约定，如遇拆迁占地时，补偿后，甲方获得补偿款15%，因此涉案房屋及地上物的评估价格以及补偿款的具体数额是双方进行利益分配的决定性因素。华章伟业公司在与侯少营签订《租赁合同解除书》的过程中，应当如实地将评估及补偿情况告知侯少营，但其并未如实告知，且向侯少营提供了无签章的不具备法律效力的《估价通知单》，故华章伟业公司有客观的欺诈行为。第二，华章伟业公司是否具有欺诈的故意。虽然华章伟业公司称《估价通知单》系评估机构出具的，但其在签订《地上物腾退协议书》后才与侯少营签订《租赁合同解除书》，此时其已经知晓补偿款的具体数额，理应知晓《估价通知单》与真实的评估结果之间存在差异，但其仍向侯少营提供，因此，可以认定华章伟业公司存在主观上的故意。第三，侯少营是否因欺诈行为而陷入错误认知并因此作出错误的意思表示。如前所述，涉案房屋及地上物的评估价格以及补偿款的具体数额是双方进行利益分配的决定性因素。在侯少营不知晓真实的评估价格及补偿款数额的情况下，仅仅依据华章伟业公司提供的《估价通知单》即与华章伟业公司签订了《租赁合同解除书》，而《估价通知单》中的评估价格远低于《房地产评估报告》中的真实的评估价格，因此可以认定侯少营因华章伟业公司的欺诈行为陷入错误认知，并作出错误的意思表示。综上，华章伟业公司的行为构成欺诈，侯少营主张撤销《租赁合同解除书》的诉讼请求，具有事实和法律依据，本法院予以支持。

三、法院裁决

本案经北京市昌平区人民法院一审作出判决：1. 撤销侯少营与北京华章伟业商贸有限公司签订的《租赁合同解除书》；2. 北京华章伟业商贸有限公司于本判决生效之日起七日内支付侯少营补偿款差额829361.32元；3. 北京华章伟业商贸有限公司于本判决生效后七日内支付侯少营利息（以补偿款差额829361.32元为基数，从2018年2月7日起至实际付清之日止，按照中国人民银行同期贷款利率计算）；4. 驳回侯少营其他诉讼请求。

北京市第一中级人民法院二审维持原判。

四、律师说法

据判决本案的主审法官了解，在现有法院的判决案例中，因欺诈而撤销合同的案例并不多见。用主审法官自己的话说，作为从业二十多年的法官，虽然有许多申请撤销的案件，但真正能被法院认定并最终作出撤销判决的案件，这是第一例。由此可见撤销已经生效的合同的案例可谓凤毛麟角。

根据原合同法第五十四条规定，下列合同，当事人一方有权请求人民法院或者仲裁机构变更或者撤销：……一方以欺诈、胁迫的手段或者乘人之危，使对方在违背真实意思的情况下订立的合同，受损害方有权请求人民法院或者仲裁机构变更或者撤销。

依据上述法律规定，人民法院认定欺诈的构成，需要以下要件：（1）被告主观上有欺诈的故意；（2）客观上实施了欺诈行为；（3）原告因欺诈行为受到损害；（4）原告的损害后果与被告的欺诈行为存在法律上的因果关系。只有同时具备上述四个构成要件，法院才能据此撤销已经签署生效的合同。本案中，撤销的《租赁合同解除书》亦是合同中的一种。

本案的另一个重要的法律点在于，电子证据的运用。在智能手机已经相当普及的今天，智能手机的照片作为电子证据的一种，在很多案件中能起到关键的证明作用。本案中，当事人委托律师时，既没有租赁合同的原件，也没有合同解除书的原件，但他们有手机里当时拍摄的照片，就成为本案的关键证据之一。现在的手机照片详情里，详细地记录了照片生成的时间、拍摄照片的地点，甚至于拍摄手机当时的定位坐标（或者能够在百度地图中显示），具有较高的采信度。正是有了这些《估价通知单》的照片，法院最终认定，在签署合同当时，被告公司提供给原告的《估价通知单》与法院调取的《房地产评估报告》存在巨大差距，从而导致原告因此陷入错误的意思表示而签署的《租赁合同解除书》应当予以撤销。

另外，希望当事人在遇到困难时，一定要借助于专业律师的帮助，才能更大限度地维护自己的权益。本案中，当事人找到代理律师时，手里几乎没有任何有效的证据材料：（1）跟出租方签署的租赁合同，原件已经被出租方在解除合同时收回了；只有一部分人手里有一份复印件；（2）当时签署了一份解除协议书，在签署合同时就没有给当事人，出租方手里只有一份；（3）当时签署了一份地上物腾退协议，也没给当事人，但只在手机里有照片；（4）涉案房屋的评估报告，更没有原件，甚至都没人见过原件是什么样的；（5）有的当事人手机里存有一份《估价通知单》，没有原件。只有照片，照片上显示没有任何单位盖章确认，也无法认定就是出租方提供的；（6）出租方与产权单位签署的租赁合同、拆迁补偿协议没有原件也没有复印件，不知道到底给了多少拆迁款；（7）拆迁评估怎么计算，给了多少补偿，都是怎么计算的也无从可知。

但本案经过专业的代理律师的努力，从搜集证据到申请法院调取证据再到向法院出示证据，提供逻辑严密的证据链条，才使得法院最终支持了原告的诉求，多拿回83万元的补偿款。这一诉讼过程，没有专业律师的帮助，当事人自己很难达到自己的目的。当事人虽然觉得自己委屈，但无论在取证还是诉讼方面，都无法达到专业化的律师水平，最终可能因为证据不足等原因，不会得到法院的支持，无法维护自己的权益。

案例 5

当事人签署合同后去世，无法履行合同怎么办?

杨永存

一、案情简介

2016 年初，原告窦鹏找到杨永存律师，表示他本人购买一套北京市朝阳区的房产，因为房产需要半年以后才能符合办理过户的条件，即符合“购房满五年，家庭唯一住房”，因此，从支付定金到办理过户需要半年多的时间。谁也没有预料到，卖方在收取定金后去世了。现在无法办理购房款的资金监管，房子也无法办理过户手续。找到卖方的儿子，也没有协商成，问律师怎么办才好?

2015 年 5 月 22 日，刘凤明（甲方）与原告窦鹏在北京链家房地产经纪有限公司居间下签订了《买卖定金协议书》，约定甲方将位于北京市朝阳区北四环中路 6 号 D 座 4 层 404 号房屋（以下简称 404 号房屋）出售给乙方，房屋建筑面积 188.35 平方米，房产证号 × 京房权证朝字第 969946 号，产权人为刘凤明；甲方保证该房屋权属无瑕疵，无债务纠纷，符合上市交易条件等。双方约定总房款为 580 万元人民币；该房款不包含依国家规定应当由甲方承担的税费，本次房屋买卖涉及的税费由乙方承担；甲方保证 404 号房屋系家庭名下满五年唯一住房等。

上述协议签署当天，窦鹏将 50 万元定金支付给刘凤明。

2015 年 5 月 31 日，窦鹏与刘凤明在北京链家房地产经纪有限公司居间下签订《北京市存量房屋买卖合同（经纪成交版）》及补充协议，约定刘凤明将 404 号房屋转让给窦鹏；房屋成交价格为 424 万元，房屋家具、家电、装修及配套设施设备作价 156 万元，由窦鹏一并另行支付给刘凤明；窦鹏已经于 2015 年 5 月 22 日向刘凤明支付定金 50 万元；窦鹏应于 2015 年 11 月 1 日将第一笔首付款 300 万元以非建委资金监管的方式支付给刘凤明；窦鹏应当于三方缴纳购房税费当日（2016年1月21日后10日内）将第二笔首付款230万元以非建委资金监管的方式支付刘凤明；三方去地税局缴纳契税后7日内，窦鹏与刘凤明应共同办理房屋所有权转移登记手续；窦鹏逾期支付购房款超过15日的，构成根本违约，刘凤明有权以书面通知的方式解除房屋买卖合同，窦鹏应当以相当于房屋总价款的20%向刘凤明支付违约金。合同中还约定了其他细节。

补充协议的“其他约定”中载明，三方约定本交易房屋于2016年1月21日满五年后过户，在过户前刘凤明须保证本交易房屋是其家庭名下在北京唯一的住房，如因刘凤明家庭名下有其他住房的原因产生个人所得税的，新增个税由刘凤明承担；窦鹏需要在2015年11月1日前将第一笔购房首付款300万元支付到中融信公司的监管账号中。同时，刘凤明需要将产权证原件和土地使用证原件交给链家房地产经纪公司收押，中融信必须在窦鹏、刘凤明完成上述事项后3个工作日内将300万元垫付给刘凤明，垫资费用由链家地产承担；刘凤明在收到垫付房款3日内将本交易房屋交付给窦鹏。

上述合同签订后，刘凤明于2015年9月19日去世。

被告刘君阳系刘凤明之子。窦鹏在刘凤明去世后与刘君阳多次协商，未能就付款方式、时间及过户等问题协商一致。

2016年1月20日，刘君阳取得北京市朝阳区人民法院民事调解书，确认404号房屋归刘君阳所有。

窦鹏委托北京市国汉律师事务所杨永存律师，于2016年3月3日向北京市朝阳区人民法院提起诉讼，要求判决刘君阳继续履行房屋买卖合同，协助窦鹏将位于北京市朝阳区北四环中路6号D座4层404号房屋过户，窦鹏将剩余房款530万元支付给刘君阳。

另外一个事实，2015年5月签署合同时这套房产售价为580万元，至2016年底，这套房产的价格已经超过1000万元。此时，无论是对于出售方还是买方，合同无法继续履行都面临着巨大的经济损失。

二、争议焦点

原告律师（本律师）意见：

1. 2015年5月22日签署《房屋买卖合同》后，当事人未能在2015年

11 月 1 日支付第一笔首付款 300 万元到中融信公司的监管账号，是因为卖方刘凤明去世所致。这是意外因素导致，因此刘凤明无法协助中融信公司和窦鹏办理资金监管账户，导致窦鹏无法履行合同，无法继续将上述房屋价款 300 万元按照合同的约定履行，过错并不在于原告。

2. 刘凤明去世后，窦鹏与刘君阳也进行多次沟通，希望刘君阳将房屋确权或者继承至刘君阳本人名下以后，由刘君阳与窦鹏继续履行上述合同；但未能达成一致。

3. 虽然签署房屋买卖合同的相对人是刘凤明，但根据卖方刘凤明与前妻刘华在离婚协议中的约定，404 号房屋在离婚后归刘君阳所有，当时的房屋所有权证仍在刘凤明名下，但与窦鹏签署《买卖定金协议书》时，刘君阳参与了整个合同的订立过程，并且是被告刘君阳代表卖方刘凤明在协议书上签字；定金 50 万元，亦系由窦鹏直接转账给刘君阳本人。因此，刘凤明在与窦鹏签署房屋买卖合同及补充协议时，表面上卖的是刘凤明的房产，实际上是刘凤明代理刘君阳签署合同，因此，本案构成表见代理。因刘凤明在履行合同过程中去世，经朝阳区人民法院确认，涉案房屋现在已经归刘君阳所有，因此，刘君阳作为被代理人，应当承担案涉房屋买卖合同及相关协议中出卖人的权利和义务。

被告及代理律师意见：

被告不同意原告的诉讼请求，认为原告未能在合同约定的时间向刘凤明付款，也没有将案涉房屋价款支付至资金监管账户，更没有在无法支付时依法办理提存，窦鹏的行为按照合同约定已经构成根本违约，应当承担相应的违约责任。于是，被告委托代理律师应诉的同时，向本院提出反诉：确认窦鹏与刘君阳签署的合同及补充协议已经解除；判决窦鹏构成违约；判决窦鹏承担违约金 116 万元。理由如下。

涉案房屋买卖合同补充协议第二条约定，乙方（即窦鹏）应于 2015 年 11 月 1 日将第一笔首付款 300 万元以非建委资金监管的方式支付给甲方（刘凤明）；窦鹏应当于三方缴纳购房税费当日（2016 年 1 月 21 日后 10 日内），将第二笔首付款 230 万元以非建委资金监管的方式支付刘凤明；窦鹏逾期支付购房款超过 15 日的，构成根本违约，刘凤明有权以书面通知的方式解除房屋买卖合同，窦鹏应当以相当于房屋总价款的 20% 向刘凤明支付违约金。刘君阳已经代刘凤明向窦鹏发出解除合同通知书，窦鹏已经签收，合同已经依法解除。

三、法院裁决

本案经北京市朝阳区人民法院依法审理后作出判决：原告（反诉被告）窦鹏于本判决生效之日起15日内给付被告（反诉原告）刘君阳购房款530万元；原告（反诉被告）窦鹏给付上述款项后15日内，被告（反诉原告）刘君阳协助原告（反诉被告）窦鹏到房屋管理部门办理过户手续，将位于北京市朝阳区北四环中路6号D座4层404号房屋转移登记至原告（反诉被告）名下；驳回被告（反诉原告）刘君阳的全部反诉讼请求。

本案判决后，被告未提起上诉。该判决已经生效。现在双方已经履行完毕。

四、律师说法

本案中，对于合同的签署过程、前期支付定金情况双方均无异议。但是对于合同至今无法继续履行的原因及过错责任，存在明显分歧。

其一，什么是表见代理？根据法律规定，表见代理，是指行为人没有代理权、超越代理权或者代理权终止后以被代理人名义订立合同，相对人有理由相信行为人有代理权的，该代理行为有效。

本案中，刘凤明与前妻在离婚协议中约定，案涉房屋归刘君阳所有。但在本案签署合同时，房屋所有权仍然登记在刘凤明名下，刘君阳亦在合同签署过程中全程参与，其明知道刘凤明代表自己签署了房屋买卖合同，并未表示反对，因此，刘君阳对刘凤明的代理行为是认可的。窦鹏作为合同相对方，产权登记在刘凤明名下，由刘凤明签署合同进行转让的行为，导致窦鹏有理由相信刘凤明有代表刘君阳的权利，据此而订立的合同，构成表见代理，上述代理行为的后果，应当由被代理人刘君阳承担。因此，在刘君阳确权以后，应当按照刘凤明与窦鹏签署的合同继续履行。据此，法院判决支持原告的诉讼请求于法有据。

其二，本案的特殊之处在于，登记在刘凤明名下的房产，最后确权归刘君阳所有。如果本案中的房产就是刘凤明本人的房产，在刘凤明去世后该如何处理呢？

这就涉及民法上的债务继承的法律问题。如果当事人一方在合同履行前死亡，大部分合同的权利义务都可以由继承人继承。原告就应当起诉刘凤明的全部第一顺序继承人，要求其在继承遗产的范围内承担债务，也就是承担继续履行合同的民事责任。

合同一方在起诉前就已经去世，根据法律规定，原告起诉时，已经死亡的债务人不能列为被告。债务人死亡后，已丧失民事权利能力，丧失民事主体资格。起诉时，原告将死亡的债务人列为被告的，人民法院应依法通知原告变更适合的主体，原告拒绝变更的，依法裁定驳回原告的起诉。原告起诉时，遗产未分割的，数个继承人均应列为被告参加诉讼（放弃继承的除外）。

其三，本案中还有一个细节，法院判决过户前，被告必须全款支付购房款。在法院判决中认定事实部分，记录如下："经询，窦鹏表示随时能够将全部剩余购房款支付给刘君阳。"并且，在判决主文中，是判决窦鹏将涉案房屋的全部款项支付给被告15日内，由被告将房屋转移登记至原告名下。

为什么呢？实际购房过程中，买方经常是贷款购买涉案房屋，这就存在很多不确定性。（1）因为没有卖方的配合，买方自己无法从银行获得贷款。本案中卖方去世，无法配合买方办理银行贷款；（2）即使卖方没有去世，原告作为买方，银行是否贷款给原告，贷款金额的多少，与原告的征信情况、个人收入情况、个人负债情况等多种因素相关；如果买方不能取得银行贷款或者贷款金额不足以支付购房款，那么不足的部分，买方应当自行补足。否则，在原告没有足额支付购房款的前提下，法院也不会判决被告将房屋所有权转移登记给原告，涉案房屋买卖合同仍然无法继续履行。因此，法院先行确认原告表示自己有能力将全部购房款支付给被告后，才作出本案判决。

案例6

贾国峰诉广东新供销商贸连锁股份有限公司劳动合同纠纷案

杨秀平

一、案情简介

申请人贾国峰于2010年11月17日入职被申请人广东新供销商贸连锁股份有限公司（以下简称新供销公司）。双方签订的劳动合同约定：合同期限自2010年11月17日起至2014年4月30日止，贾国峰的工作岗位为采购经理，负责新供销公司商品采购、新产品开发、采购样品管理，并协助新供销公司管理者开展采购管理工作，工作地点为新供销公司总部所在地，正常工作时间的工资按公司依法制定的薪资标准执行，具体为7000元/月，津贴、补贴的发放标准和办法根据公司依法制定的福利制度执行。入职当日，贾国峰签订一份由新供销公司制作的《员工薪资申报审批表》，上面记载：姓名贾国峰，部门采购部，岗位采购经理，入职时间2010年11月17日，试用期月工资总额5880元，转正月工资总额7000元。其中，月固定工资5600元，月绩效工资1400元，车补1000元/月，其他执行省公司福利标准，并由贾国峰签名确认，新供销公司人力资源董丙成、公司领导黄光签名确认。

根据新供销公司提供的资料显示，其于2010年1月13日印发《车辆补助规定（暂行稿）》，明确规定：现根据近期实际情况，对公司车辆补助规定作如下调整和重新明确，公司正、副总经理从使用公车后不再享受车补政策，其费用经审批后实报实销。其他人员车补标准为：部门总监级别1500元/月，部门副总监级别1300元/月，其他管理人员1000元/月。相关说明：（1）享受车补人员，因工作需要在工作区域内需用车的，公司不再派车；（2）出差在广州区域以外油费、路桥费、停车费经公司审批后进行实报实销；（3）实报实销部分报销时须同时填写《新供销公司实际发生车辆费用统计表》；（4）每次出差，广州油票仅可报销一次（用于启程前加油）；（5）原定总监以上每人每月可报销两张交通违章罚单的规定，现调整为仅限超速违章的罚单可列入每人每月两张的报销范围（其他交通违章自行承担，2010 年 1 月 1 日起执行），每人每月不超过两张，凭票报销；（6）车补原始凭证为真实有效的发票（包括汽油、路桥、停车、修理、年票、车船税、保险、年审等与本人车辆相关的票据）；（7）本规定从 2009 年 11 月 1 日起开始执行，至另行调整为止。原《新供销公司薪酬制度（试行）》中规定的自购车用车补助同时废止。

根据新供销公司提供资料显示，其于 2011 年 7 月 25 日印发《关于印发〈用车补助规定（试行）〉的通知》（粤新供销人〔2011〕10 号），内容记载：公司各部门，公司《用车补助规定（试行）》及其相应的应用表格已经公司经营决策小组讨论通过，现予印发，请遵照执行。在执行中如有问题和意见，请向公司人力资源部反映。同时抄送公司经营决策小组成员，共印 4 份。根据《用车补助规定（试行）》规定，补助对象为公司中高层管理人员，包括公司总经理、副总经理、部门总监、部门副总监，已享有公司配车的人员除外。补助标准为：业务部门总监 1800 元/月，职能部门与业务支持部门总监 1500 元/月，业务部门副总监 1500 元/月，职能部门与业务支持部门副总监 1000 元/月。但无相关公示或明确告知文件予以佐证。

2014 年 4 月 30 日，劳动合同期满，且双方均不再续约，已办理离职手续。此后，申请人贾国峰多次找被申请人新供销公司领导协商，要求补发自 2010 年 11 月至 2014 年 4 月期间未付的以车补代发工资部分薪酬 36000 元，并且认为实为工资的一部分，并非真正意义上的车补，并且提交一系列相关证据。双方虽经多次协商，均未果，员工由于情绪激动，甚至一度发生较激烈的肢体冲突，劳资关系十分紧张。

2014 年 7 月 10 日，申请人贾国峰向广东省劳动人事争议调解仲裁院申请劳动仲裁，提出仲裁请求：（1）依法裁决被申请人支付申请人书面劳动合同及劳动补充协议订立期间，2010 年 11 月 17 日至 2014 年 4 月 30 日未付的以车补代发工资部分薪酬 36000 元；（2）依法裁决被申请人归还申请人同期签订的“以车补方式补发工资”的劳动合同薪酬构成补充协议，并对因为被申请人故意隐藏此重要劳动合同协议，且以此为由恶意拖欠申请人工资，给申请人造成不良影响作出道歉。为此，申请人提交劳动合同、被申请人开出的事实合法收入证明、谈话录音、员工考勤报表、工资发放记录、呈批申请、沟通函件等证据予以佐证。2014 年 9 月 28 日，广东省劳动人事争议调解仲裁院作出粤劳人仲案非终字〔2014〕173 号仲裁裁决书，裁定被申请人败诉，应当向申请人支付拖欠的车补费用 34000 元。仲裁裁决宣判后，被申请人新供销公司不服，委托本律师继续提起诉讼，本案历经仲裁、一审、二审及再审程序，现已审理终结。

二、争议焦点

本案案由系劳动合同纠纷。我方为被申请人新供销公司委托代理人，主要代理意见如下。

其一，关于车补费用性质的问题。根据《国家统计局〈关于工资总额组成的规定〉若干具体范围的解释》第四条，关于工资总额不包括的项目的范围如下：（1）有关劳动保险和职工福利方面的费用。具体有：职工死亡丧葬费及抚恤费、医疗卫生费或公费医疗费用、职工生活困难补助费、集体福利事业补贴、工会文教费、集体福利费、探亲路费、冬季取暖补贴、上下班交通补贴以及洗理费等；（2）劳动保护的各种支出。具体有：工作服、手套等劳保用品，解毒剂、清凉饮料，以及按照 1963 年 7 月 19 日原劳动部等七部门规定的范围对接触有毒物质、矽尘作业，放射线作业和潜水、沉箱作业，高温作业几类工种所享受的由劳动保护费开支的保健食品待遇。显然，车补费用即交通补贴不属于工资总额的组成范围。

其二，关于申请人要求支付的 2011 年 7 月至 2014 年 4 月期间的车补费用 34000 元是否应当支付的问题。本案代理律师认为，上述费用不应当支付。理由是：（1）新供销公司根据其经营状况于 2011 年 7 月制定的《用车补助规定（试行）》合法有效，员工理应遵守。首先，新供销公司于 2011 年 7 月制定的《用车补助规定（试行）》已经履行跟公司工会平等协商程序，并按照工会的意见对部分条款作出修改或解释。其次，2011 年 6 月 8 日，新供销公司人力资源部与职代会各位代表讨论后拟定《用车补助规定（初稿）》并送公司工会审议，拟定生效日期为 2011 年 7 月 1 日。公司工会于 2011 年 6 月 10 日将反馈意见书送交回人力资源部，并提出应当明确《用车补助规定（试行）》第四条“日常管理”第六项中“合法有效票据”的内涵。人力资源部收到意见后，经被申请人新供销公司研究决定，将“合法有效票据”的具体内涵明确为出租车发票、公交车发票、汽（柴）油发票、保险发票、年审发票等，并将意见征询书再次送交公司工会审阅，并提请公司工会依照程序进行实施前公示，将实施情况反馈人力资源部。最后，新规定即《用车补助规定（试行）》已经由公司工会依法进行公示，公示期为 2011 年 6 月 14 日至 2011 年 6 月 16 日，为期 3 天。公示期满，没有收到任何意见或建议，此后上述规定送交新供销公司决策层，联系人为时任工会副主席钟国明。（2）根据公司财务部门提供的车补费用报销凭证等证据显示，新规定实施后，新供销公司的多位中高级管理人员均按照新规定履行车补费用的实际报销手续，也即诸多公司中高级管理人员明确知晓该新规定即《用车补助规定（试行）》的存在，这也印证新规定已经履行公示或告知程序。首先，通过举证时任或现任新供销公司多位中高级管理人员车补费用报销凭证可知，应于 2011 年 7 月后，按照新规定的要求执行。其次，申请人贾国峰提供的证人（原营运部副总监）邹长崇的车补费用报销凭证，也是按照新规定执行，这也反向证实申请人提供的证人邹长崇可能存在虚假供述的情况。最后，据了解，时任公司人力资源部副总监董丙成在新规定实施前，已经口头告知申请人贾国峰。因此，本律师认为，新规定《用车补助规定（试行）》已经履行公示或告知程序，依法有效，对公司员工具有约束力。

其三，关于是否超过仲裁时效的问题。本案代理律师认为，新供销公司从 2011 年 7 月起就停止报销申请人贾国峰的车补费用，虽然双方未采用书面形式变更劳动合同的内容，但双方已经实际履行了取消申请人贾国峰车补费用将近三年，申请人未举证证明其间其有提出异议。因此，应当认定已超过仲裁时效。

申请人贾国峰及其委托代理人的主要观点如下：

其一，关于车补费用性质的问题。申请人认为，车补费用 1000 元/月，不是岗位补贴，实为工资的一部分。自 2010 年 11 月 17 日入职被申请人新供销公司以来，一直担任采购部采购经理一职，其间未有任何职位上的变动。入职当初，双方实际洽谈的就是基本工资 8000 元/月，其他绩效薪酬、奖金及津贴等计发另外依据公司相应制度执行。签订劳动合同时，被申请人新供销公司以财务税务处理为由，提出工资分两个部分签订，其中劳动合同中写明基本工资7000元/月，补充协议即员工薪资申报审批表备注另1000元/月按照车补费用发放，新供销公司同时承诺上述呈批表不会影响总基本工资的支付。参照《国家统计局关于工资总额组成的规定》第四章附则第十五条规定，各地区、各部门可依据本规定制定有关工资总额组成的具体范围的规定：(1) 根据《中华人民共和国劳动法》第五十条、《中华人民共和国劳动合同法》第三十五条，参照《广东省工资支付条例》中有明确规定津贴、补贴，特殊情况下支付的属于劳动报酬性的工资收入；(2)《财政部关于企业加强职工福利费财务管理的通知》第二条规定，企业为职工提供的交通、住房、通信待遇，已经实行货币化改革的，按月按标准发放或支付的住房补贴、交通补贴或者车改补贴，应当纳入职工工资总额，不再纳入职工福利费管理。

其二，被申请人新供销公司于2010年1月13日印发《车辆补助规定(暂行稿)》，以及于2011年7月25日印发的《用车补助规定（试行)》，申请人贾国峰均未见过，也不知道其中的内容，上述公司福利制度没有依法进行公示或告知员工，依法应当无效。

其三，关于是否超过仲裁时效的问题。申请人贾国峰认为，涉案车补费用实为劳动报酬的一部分，申请人在被申请人处一直工作至2014年4月30日，其工作一直处于持续状态。离职后于2014年7月10日在一年内提起仲裁，没有超过仲裁时效，理应获得法律支持。

三、法院裁决

广东省劳动人事争议调解仲裁院认为，根据《中华人民共和国劳动争议调解仲裁法》第二十七条第一款和第四款分别规定，“劳动争议申请仲裁的时效期间为一年。仲裁时效期间从当事人知道或者应当知道其权利被侵害之日起计算。”“劳动关系存续期间因拖欠劳动报酬发生争议的，劳动者申请仲裁不受本条第一款规定的仲裁时效期间的限制；但是，劳动关系终止的，应当自劳动关系终止之日起一年内提出。”被申请人以货币的形式，固定的标准按月支付给申请人因工作需要的车补费用，该车补费用应属于劳动报酬性的工资收入。申请人在被申请人处一直工作至2014年4月30日，被申请人主张申请人于2014年7月10日申请仲裁，要求支付车补费用已经超过仲裁时效，没有依据，不予支持。根据《中华人民共和国劳动合同法》第三十五条的规定，用人单位与劳动者协商一致，可以变更劳动合同约定的内容。变更劳动合同，应当采用书面形式。被申请人与申请人在《员工薪资申报审批表》中明确约定申请人的薪酬标准。2011 年 7 月，被申请人在没有协商一致，以及没有相关规章制度公示或告知的情况下，单方调整申请人的工资标准，取消申请人的工资项目中的车补费用，违反法律规定，根据《中华人民共和国劳动法》第五十条、《中华人民共和国劳动合同法》第三十五条、《中华人民共和国劳动争议调解仲裁法》第二十七条、第四十七条、第四十八条，《广东省工资支付条例》第五十四条、参照《财政部关于企业加强职工福利费财务管理的通知》（财企〔2009〕242 号）第二条的规定，于 2014 年 9 月 28 日作出粤劳人仲案非终字〔2014〕173 号仲裁裁决：1. 被申请人自本裁决书生效之日起五日内支付申请人 2011 年 7 月至 2014 年 4 月期间的车补费用 34000 元。2. 驳回申请人的其他仲裁请求。本仲裁裁决为非终局裁决。

仲裁宣判后，被申请人新供销公司不服，向法院提起诉讼。法院判决被申请人新供销公司无须支付申请人贾国峰 2011 年 7 月至 2014 年 4 月期间的车补费用 34000 元。一审宣判后，申请人贾国峰不服，向二审法院提起上诉。广东省广州市中级人民法院作出〔2015〕穗中法民一终字第 1110 号民事裁定，驳回上诉，维持原判。

2015 年 12 月 21 日，申请人贾国峰向广东省高级人民法院申请再审。广东省高级人民法院认为，本案系劳动合同纠纷。根据贾国峰申请再审的请求和理由，本案争议焦点是：新供销公司是否应当向贾国峰支付 2011 年 7 月至 2014 年 4 月期间的车补费用。根据原审查明的事实，贾国峰于 2010 年 11 月 17 日入职新供销公司，双方签订的劳动合同约定贾国峰正常工作时间的工资为 7000 元/月，津贴、补贴的发放标准和办法根据公司依法制定的福利制度执行。新供销公司制作的《员工薪资申报审批表》记载，贾国峰转正后月工资总额为 7000 元，车补 1000 元/月。贾国峰在该审批表员工签名栏签名确认。新供销公司于 2010 年 1 月 13 日出台的《用车补助规定（暂行稿）》规定，其他人员车补标准为：部门总监 1500 元/月，部门副总监 1300 元/月，其他管理人员 1000 元/月。新供销公司于 2011 年 7 月 1 日起执行的新的《用车补助规定（试行）》，补助对象为中高级管理人员，贾国峰不属于车补对象范围，新供销公司从2011年7月起停止报销贾国峰的车补费用。根据《国家统计局〈关于工资总额组成的规定〉若干具体范围的解释》第四条的规定，交通补贴不属于工资总额的范围。二审判决认为根据劳动合同约定，新供销公司根据其经营状况对员工的福利待遇作出相应调整并无不当。广东省高级人民法院于2016年6月21日作出〔2016〕粤民申2228号民事裁定，驳回贾国峰的再审申请。

四、律师说法

通常来说，职业律师代理劳动争议案件，如果代理用人单位一方，获得胜诉是比较困难的，无论从大的司法审判环境来说，还是小到个案中的证据举证规则而言，用人单位无疑需要承担的举证责任更多，需要承担的压力更大，代理律师面临的挑战也更大。结合本案，尽管最终成功实现反转获胜，但仍有以下几点办案体会分享给大家。

（一）用人单位制定涉及劳动者切身利益的企业规章制度和重大事项决定，应当依法进行公示或者告知劳动者

根据《中华人民共和国劳动合同法》第四条规定，用人单位应当依法建立和完善劳动规章制度，保障劳动者享有劳动权利、履行劳动义务。用人单位在制定、修改或者决定有关劳动报酬、工作时间、休息休假、劳动安全卫生、保险福利、职工培训、劳动纪律，以及劳动定额管理等直接涉及劳动者切身利益的规章制度或者重大事项时，应当经职工代表大会或者全体职工讨论，提出方案和意见，与工会或者职工代表平等协商确定。在规章制度和重大事项决定实施过程中，工会或者职工认为不适当的，有权向用人单位提出，通过协商予以修改完善。用人单位应当将直接涉及劳动者切身利益的规章制度和重大事项决定公示，或者告知劳动者。

这是程序正义的问题，事实上，本案中的被申请人新供销公司在这方面做得并不好，出台涉及劳动者切身利益的规章制度，并没有保留相关的公示或告知劳动者的证据。本律师运用反向推理，结合精准的分析判断，严密的逻辑思维，并通过搜集到的大量的间接性证据，最终成功说服了法官，并成功实现反转获胜，实属不易。

（二）准确适用法律，至关重要

本案中，关于车补费用的定性，始终存在较大的争议，广东省仲裁院

与广东省高院在这个问题上的看法就不一致。广东省劳动人事争议调解仲裁院认为，本案应当参照《财政部关于企业加强职工福利费财务管理的通知》（财企〔2009〕242 号）第二条之规定，“企业为职工提供的交通、住房、通讯待遇，已经实行货币化改革的，按月按标准发放或支付的住房补贴、交通补贴或者车改补贴、通讯补贴，应当纳入职工工资总额，不再纳入职工福利费管理；……”广东省高级人民法院认为，根据《国家统计局关于工资总额组成的规定》，交通补贴不属于工资总额的范围。显然，广东省仲裁院与广东省高院对该问题的定性不一致，适用法律也不一样。本律师认为，《财政部关于企业加强职工福利费财务管理的通知》（财企〔2009〕242 号）仅适用于特殊企业，并不适用于普通企业，而且，从法律效力上来说，其仅是规范性指导文件，无论是适用范围，还是法律效力，本律师完全赞同广东省高院的观点。

近年来，面临经济下行压力的大背景，我国经济体制改革及经济结构调整不断深化，产能过剩行业加快出清，劳动争议案件呈现许多新特点，面临的挑战不断加大，具体表现在如下几个方面。

（一）新业态下劳动关系认定难

以互联网为依托的产业革命形成了新业态模式，也使劳动关系的内涵和外延开始发生变化，对劳动关系的认定标准及劳资双方的利益协调机制形成挑战。一方面，互联网平台企业的身份不再是纯粹的生产资料的提供者，而是在具体的交易中通过技术，为资源所有者和需求者搭建交易平台，其本身的职责更侧重于技术服务以及安全监管。另一方面，劳动者提供劳动的自主性较强，接受管理模式较为松散。往往以自己的技能独立开展工作，可自主决定工作的时间、地点、方式等。司法实践中，主要反映出以下问题。

1. 法律法规滞后。原劳动和社会保障部的《关于确立劳动关系有关事项的通知》是目前位阶最高的关于劳动关系认定标准的立法。该通知确立了认定劳动关系的三项标准，即主体适格、人格从属、业务从属。该标准在认定传统行业劳动关系中发挥了重要作用，但在处理涉互联网平台的新业态案件时，其严苛的从属性标准不适用于新业态下的灵活、复杂的用工模式。处理新业态案件缺乏可遵照的依据。

2. 新业态用工从属性弱化。劳资双方管理与被管理的人身从属性是劳动关系与其他民事法律关系最显著的区别。区分两者的关键在于指挥管理的强弱程度。新业态从业者虽在一定程度上接受平台管理，但在工作时间安排、工作任务的完成上有更多的自由度，缺乏传统劳动关系下紧密的人身依附性，故从属性认定较难。

3. 排除劳动关系协议的效力认定难。平台为规避风险，往往会与劳动者约定“双方不属于劳动关系”“双方系兼职劳务关系”等。劳动关系的成立与否属法定范畴，不应由当事人自由意志决定，但双方的意思表示又是缔结劳动合同的必要元素。故排除劳动关系协议的效力认定难以统筹兼顾。

（二）用人单位擅自变更社保缴纳主体的法律规制问题

根据劳动法第七十二条规定，用人单位和劳动者必须依法参加社会保险，缴纳社会保险费。根据劳动合同法第十七条规定，社会保险是劳动合同的必备条款。从上述规定可见，为劳动者参加社会保险，缴纳社会保险费是用人单位的法定义务。但实践中存在用人单位与社保缴纳主体并不完全一致的现状，导致用人单位为自身便利，未经劳动者同意擅自为其办理退工手续，同时由案外人为劳动者办理招工手续，社保亦由案外人代为缴纳。劳动者据此诉请用人单位支付违法解除劳动合同赔偿金。虽然劳动关系的认定与社保缴纳主体以及招退工登记并无直接关联，劳动者仍实际在原单位工作，双方事实劳动关系仍然存续，难以认定用人单位的行为系违法解除劳动关系。但社保缴纳主体以及招工登记主体的变更确实会给劳动者申领政府补贴、申请工伤及生育保险等带来一系列不便甚至遭受损失。对用人单位的不当行为应如何规制，对劳动者的合法权益如何保护，若劳动者就此遭受损失，损失如何认定，行政执法与司法如何分工合作，有待进一步明确细化。

（三）法定年休假与福利年休假的使用顺序及劳动者未休福利年休假能否获得补偿问题

用人单位为吸引并留住人才，除了提升劳动报酬，往往在福利待遇上给予优待，如给予法定年休假之外的福利年休假。一般来说，用人单位的规章制度会就法定年休假、福利年休假的使用顺序及未休福利年休假是否给予经济补偿作出明确规定。当用人单位规章制度未就上述内容作出明确规定时，司法实践如何处理，存在不同意见。关于法定年休假与福利年休假的使用顺序，第一种观点认为，就福利年休假的性质而言，系在法定年休假之外给予的福利待遇，故用人单位未就使用顺序作出规定时，应认定先休法定年休假；第二种观点认为，因用人单位未就法定年休假及福利年休假的使用顺序作出规定，故劳动者对此应有选择权，选择对其更有利的方案。关于劳动者未休福利年休假能否获得经济补偿，第一种观点认为，劳动者主张按工资 300% 的法定标准支付福利年休假工资的，应予支持；第二种观点认为，用人单位自主给予的超过法定标准的福利年休假，用人单位有权就能否折现补偿以及折现金额作出规定，若无约定或规定，则劳动者不能获得折现补偿。司法实践须统一上述问题的裁判尺度。

为妥善预防、化解劳动争议纠纷，本律师真诚建议，劳动者始终能理性维权，恪守诚信，用人单位始终能严格遵守法律，完善规章制度，从源头化解纠纷，这才是根本发展之道。

案例7

韦玉莲、陈细强诉佛山市高明高协和房地产开发有限公司、恒大地产集团有限公司商品房预售合同纠纷案

杨秀平

一、案情简介

2018年10月，原告韦玉莲、陈细强两位老夫妻经房产销售人员推介，相中一套商品房，该商品房位于被告佛山市高明高协和房地产开发有限公司（以下简称高协和地产）旗下的“恒大山湖郡”花谷水岸花园双拼别墅住宅项目，总房价为3189886元，并分别于2018年10月5日、10月7日向被告高协和地产公司账户支付定金50000元和首期款112605元，共计162605元。据了解，高协和地产该项目外聘销售团队一直对外宣传其为知名房企恒大地产集团有限公司（以下简称恒大地产）全资子公司（后经查询工商主管部门官网登记信息，证实高协和地产并非恒大地产全资子公司），并称该项目是由恒大地产开发建设，各项生活配套齐全。2018年10月13日，原告韦玉莲、陈细强（乙方）与被告高协和地产（甲方）签订《花谷水岸花园商品房认购书（佛山恒大山湖郡）》，约定乙方向甲方认购花谷水岸花园楼盘双拼别墅49栋101单元，该商品房建筑面积共291.98平方米，套内建筑面积为282.3平方米，总房价为3189886元；并约定乙方在签订本认购书时支付50000元作为定金；乙方须于2018年10月7日前支付首期房款109494元（不含定金），并签署《商品房买卖合同》；于2019年4月5日前付清637977元；于2019年10月5日前付清797472元；于2020年4月5日前付清797472元；于2020年10月5日前付清797471元。此外，还约定：乙方必须在约定的付款方式和期限内到佛山市高明区明城镇官迳路38号花谷水岸花园（佛山恒大山湖郡）销售中心支付首期

款和签署《商品房买卖合同》，否则视为乙方放弃购买该房屋，所付款项不予退还，甲方无须通知乙方，可另行销售该房屋；如乙方履行完毕本认购书义务但甲方未能为乙方保留该房号的，甲方应双倍返还定金，但不再承担其他责任。

据高协和地产事后辩称，由于当地办理《商品房买卖合同》网签手续需要提前预约且尚需较长时间排队等候，故较长时间没能与原告签订《商品房买卖合同》。同时，原告由于资金筹措方面出现问题，也不愿意继续履行合同。据了解，也不能排除原告本身年岁已大，对长期等待颇有微词，且购买资金筹措方面也的确发生变化，也不愿意继续维系双方的商品房买卖关系，提前与被告高协和地产协商解除商品房认购书事宜。据悉，起初被告方高协和地产并不同意解除商品房认购书，而且其依据约定，已收款项均不予退还，此后双方一直在持续协商，仍未果。2019 年 5 月 28 日，原告方委托广东红棉律师事务所依法向被告方高协和地产出具《律师函》，明确自被告收到之日起，原被告双方于 2018 年 10 月 13 日签订的《商品房认购书》解除。2019 年 7 月 9 日，原告委托本律师向广东省佛山市高明区人民法院提起民事诉讼，诉讼请求为：（1）请求判令原、被告双方于2018 年 10 月 13 日签订的《花谷水岸花园商品房认购书（佛山恒大山湖郡)》自 2019 年 5 月 29 日起解除；（2）请求判令被告高协和地产立即返还原告预付的购房款 162605 元及资金占用利息（以 162605 元为计算基数，自 2019 年 5 月 30 日起按人民银行同期同类贷款基准利率计算）；（3）请求判令被告立即赔偿原告一倍定金 5 万元；（4）请求判令被告立即赔偿原告各项经济损失共计 10 万元；（5）请求判令被告恒大地产对上述债务承担连带赔偿责任；（6）请求判令被告承担本案诉讼费。后因委托人顾虑诉讼费用的问题，且担心败诉造成损失扩大，提前要求撤回了第 3 项和第 4 项诉求，仅保留其他诉求。2019 年 7 月 17 日，被告高协和地产向原告发出《〈商品房买卖合同〉签署催办函》，要求原告方于 2019 年 7 月 21 日前到被告处签订《商品房买卖合同》。

二、争议焦点

本案案由系商品房预售合同纠纷。我方代理观点主要如下。

1. 根据原告、被告双方于 2018 年 10 月达成的商品房认购协议，由原告认购被告高协和地产位于佛山市高明区花谷水岸花园楼盘双拼别墅49栋101单元，为履行认购协议，原告已经依《商品房认购书》及时支付了定金及购房首期款。按照协议约定，原告已经履行其签订《商品房买卖合同》的全部付款义务。至此，被告高协和地产应当依《商品房认购书》，在合理期限内通知原告签订《商品房买卖合同》。但是，截至原告于2019年7月9日起诉之日，被告高协和地产一直未通知原告签订《商品房买卖合同》，导致双方未签订正式的《商品房买卖合同》，违背了诚实信用原则。尽管被告在庭审过程中主张原告违约在先，没有与其及时办理签订商品房买卖合同手续，但被告没有提供相应的证据。2019年7月17日，被告高协和地产才向原告发出《〈商品房买卖合同〉签署催办函》，足以说明被告高协和地产存在重大过错，理应承担缔约过失责任。

2. 原被告双方于2018年10月13日签订《花谷水岸花园商品房认购书（佛山恒大山湖郡）》，但该认购书中却约定须于2018年10月7日前支付首期房款109494元并签署《商品房买卖合同》，约定履行义务的时间在签订认购书前，双方无法依认购书的约定履行，被告高协和地产应当承担重大过错。

3. 尽管被告辩称因原告原因而没有签订《商品房买卖合同》，但并未能提供相应的证据，应承担举证不能的法律后果。况且，根据《商品房认购书》的约定，原告方已经及时支付了相应的购房首期款，即使后期有解约的意思表示，跟被告长期不履行签订《商品房买卖合同》不无关系，高协和地产仍然应当承担缔约过失责任。

4. 关于被告方恒大地产是否应当承担连带赔偿责任的问题。原告方之所以选择购买涉案被告方高协和地产旗下楼盘商品房项目，一个非常重要的原因就是认可知名恒大品牌。根据原告方陈述，被告方高协和地产销售人员始终介绍其公司为恒大地产的全资控股子公司，该楼盘项目由恒大地产实际开发，但根据本律师调查结果显示，被告高协和地产涉嫌虚假宣传。根据恒大地产授权其使用恒大品牌来说，恒大地产理应对被告高协和地产的虚假宣传知情，侵犯了原告作为消费者的知情权，恒大地产也是存在明显过错的。当然，根据合同相对性原则，《商品房认购书》是原告与被告高协和地产签订，收取原告预付款的也是被告高协和地产，与被告恒大地产没有关系。因此，综合各方面证据而言，原告的该项诉求实际上是难以获得法院支持的。但将知名房企恒大地产列为共同被告，对于调解环节却有其独特作用，况且，恒大地产对于本案确实存在一定的过错，不妨争取之。

被告方高协和地产的主要观点如下：

1. 同意解除《商品房认购书》，但不同意退还购房款及支付利息。其理由是：（1）原告和被告高协和地产于2018年10月13日签订《商品房认购书》，原告应于2018年10月7日支付首期款109494元及签署《商品房买卖合同》，但原告迟迟不愿签署《商品房买卖合同》，不履行约定，且原告因资金筹措出现问题放弃购买案涉房屋，已经构成违约。（2）被告高协和地产多次催促原告签署《商品房买卖合同》，并于2019年7月17日向原告发出《〈商品房买卖合同〉签署催办函》，催促原告履行认购书约定，但原告拒不履行约定，没有与被告签署《商品房买卖合同》，属于恶意违约。因此，根据《商品房认购书》第三条之约定，上述情形可以视为原告放弃购买该房屋，所付款项应当不予退还。

2. 原告是以被告欺诈、强迫为由要求退还已付款项并支付利息，被告认为原告的诉求与事实不符。原因如下：（1）原告与被告是在双方意思表示一致的情况下签署认购书的，被告从来没有对原告进行欺诈、胁迫。（2）原告向被告高协和地产支付款项用于购买商品房，并非借款，不存在资金占用的问题，不需要支付资金占用费。（3）原告诉请要求解除认购书，被告高协和地产并无异议，但原告已付款项，按照《商品房认购书》之约定应当不予退还。

被告恒大地产认为，高协和地产系其子公司，根据合同相对性原则，本案与其无关。

三、法院裁决

依照《中华人民共和国合同法》第九十四条、第九十六条、第九十七条之规定，广东省佛山市高明区人民法院作出（2019）粤0608民初2651号民事判决：1. 原告韦玉莲、陈细强与被告高协和地产于2018年10月13日签订的《花谷水岸花园商品房认购书（佛山恒大山湖郡）》于2019年5月29日解除；2. 被告高协和地产应于本判决发生法律效力之日起10日内向原告韦玉莲、陈细强返还购房款162605元及支付利息（以162605元为本金，从2019年5月30日起至实际清偿之日止，按中国人民银行同期同类贷款利率计算）；3. 驳回原告其他诉讼请求。本案案件受理费由被告高协和地产负担。宣判后，被告高协和地产不服，提起上诉。广东省佛山市中级人民法院于2019年12月11日作出〔2019〕粤06民终14379号民事判决，认为被告方高协和地产违反诚实信用原则，应当承担缔约过失责任，遂驳回上诉，维持原判。

关于要求被告方承担缔约过失责任，赔偿损失等诉求，已另案起诉。

五、律师说法

（一）办案体会

本案最终胜诉的关键在于如下几点。

1. 及时审查全案证据材料，准确判断出问题关键所在，并及时向被告高协和地产出具《律师函》要求解除合同，取得相应证据。此外，本律师主动约谈开发商，尽管最终并未达成和解协议，但及时就相关证据进行固定、补强，以备将来诉讼之用。

2. 将知名开发商恒大地产列为共同被告，尽管仅就综合证据而言，该项诉求实难获得法院的支持。但是，作为一名精通诉讼技巧的资深大律师，有的时候就是要“明知不可为而为之”。诉讼的最佳策略，并非都以判决的形式体现，往往调解也是一种很好的结案方式，更能让双方当事人都息诉服判。调解也需要技巧，还是一门艺术。庭审中控辩双方对抗，有的时候就好比一场足球比赛，一个优秀的球员不应该只会把球攻进对方的球门，还得在对方进攻时学会防守，学会利用规则，而这恰恰是一名优秀球员必不可少的优秀品质。

3. 挖掘关键事实精准，适用法律正确，是本案胜诉的关键所在。诉前曾经有不少专业法律人士表示，此类型案件追回购房首期款还是有希望的，想要追讨回已付购房定金，几乎不太可能。一个非常重要的原因是，原告本身也多次表达放弃购房的意愿。然而，经调查取证，代理律师发现开发商可能存在批量处理认购书的情形，可能出现合同订立时间与义务履行时间差的问题，造成约定履行义务的时间在签订认购书前，双方无法依约履行。这无疑是开发商潜在的重大法律风险、重大过错。根据原《中华人民共和国合同法》第九十六条第一款规定：“当事人一方依照本法第九十三条第二款、第九十四条的规定主张解除合同的，应当通知对方。合同自通知到达对方时解除。对方有异议的，可以请求人民法院或者仲裁机构确认解除合同的效力。”本案中，代理律师于2019年5月28日及时向被告开发商高协和地产发出《律师函》要求解除认购书。

4. 尽管原告在履行协议后期，可能存在因资金筹措问题不愿继续购买的可能，但依双方于2018年10月13日签订的《商品房认购书》，原告已经履行了支付购房首期款的义务，被告高协和地产应当在合理期限内通知原告签订《商品房买卖合同》。本案中，直至原告向广东省佛山市高明区人民法院提起诉讼，被告一直没有通知原告签订《商品房买卖合同》，理应承担缔约过失责任。

（二）缔约过失责任

1. 缔约过失责任的情形

我国原合同法第四十二条确立了缔约过失责任制度，该条规定：“当事人在订立合同过程中有下列情形之一，给对方造成损失的，应当承担损害赔偿责任：（一）假借订立合同，恶意进行磋商；（二）故意隐瞒与订立合同有关的重要事实或者提供虚假情况；（三）有其他违背诚实信用原则的行为。”

可见缔约过失责任实质上是诚实信用原则在缔约过程中的体现。

2. 如何界定缔约过失责任

（1）缔约过失行为人须有主观过错

所谓过错是指行为人未尽自己应尽和能尽的注意义务，包括故意和过失。这是构成缔约过失责任的主观要件。

缔约过失责任不是无过错责任，而是过错责任，这样在实践中不可避免地会遇到一个问题，即由谁来举证的问题。按照民事责任的一般归责原则，应当由受害人来承担对方过错的举证责任。但是在缔约过失责任中，本案代理律师认为应当采用过错推定，实行举证责任倒置，由过错方来承担举证责任比较合适。在过错方不能举证证明自己无过错的情况下即推定其有过错，这样便于保护相对方之信赖利益。

（2）必须实施了违反先契约义务的行为

先契约义务的行为包括作为和不作为。先契约义务是根据诚实信用原则的要求而产生的法定附随义务，主要是告知、协作、照顾、忠实等义务。这些义务不是由当事人约定的，而是由法律直接规定的。因此，违反这些义务的行为不是违约行为，而是违法行为。

值得注意的是，这种诚信义务从根本上说是为满足保护相对方信赖利益的需要而存在的。因而，其外延是相当广泛的，具体内容应根据该利益的保护情势确定。

（3）有缔约一方信赖利益之损害事实存在

民事责任一般以损害事实的存在为构成要件，损害事实的发生也是缔约过失责任的构成要件之一。应当指出的是，缔约过失责任中法律所保护的信赖利益必须是合理的信赖所产生的利益。

本案代理律师认为，合理的信赖应当具备以下两点：①信赖人主观上要有信赖合同成立、有效的意思；②信赖人客观上要有信赖合同成立、有效的行为。

（4）缔约过失行为与损害事实之间存在因果关系

即一方信赖利益的损害是由于另一方缔约过失引起的。在缔约过失责任中，通说采用的是相当因果关系。

因为相当因果关系强调了结果发生的“可能性”，且认为这种“可能性”应以社会的一般见解来衡量，即在通常情形下依社会的一般经验认为有可能性即认为有因果关系。这比必然因果关系要求内在、本质的必然关系，强调结果发生的“必然性”更有利于保护受损方的信赖利益。而且，缔约过失责任本身就是过错责任，有主观要件的要求。而相当因果关系正考虑了人的主观因素，与必然因果关系相比，自然更为符合缔约过失责任的要求。

上述要件缺一不可，只有均予以满足时方可考虑适用缔约过失责任。

3. 缔约过失责任的法律后果

（1）返还财产

即因缔约过失致使合同被法院依法确认无效或被撤销后，缔约过失方因该合同取得的财产，应当全部返还给受损失一方。如果双方均已给付财产的，应由双方相互返还，剩余部分由缔约过失方再作返还。

（2）折价补偿

在合同被确认无效或被撤销后，缔约过失方因该合同取得的财产已毁损、灭失而不能返还或因情势变迁已没有返还必要的，应对该财产按当时国家规定的价格或市场价格予以折价补偿，以弥补对方所遭受的损失。

（3）赔偿损失

赔偿损失是缔约过失责任方式中适用最广的责任形式。当事人一方因缔约过失，不论是致使合同不成立或无效，还是被变更或被撤销，只要给对方造成信赖利益的损失，即应依法予以赔偿，以填补相对方的损失。所谓信赖利益的损失，是指无过错的当事人信赖合同有效成立，但因对方缔约过失，致使合同不成立、无效、被变更或被撤销而造成的损失。赔偿损失这一责任方式，既可以单独适用，也可以与返还财产或折价补偿合并适用。

（4）各负其责

即缔约双方如果都有违反先合同义务的过错行为，致使合同不成立、无效或被撤销，并均给对方造成损失的，依法应由双方“各自承担相应的责任”，而且缔约过失责任本身就是过错责任，有主观要件的要求。而相当因果关系正考虑了人的主观因素，与排除人认识因素的必然因果关系相比，自然更为符合缔约过失责任的要求。

（三）商品房认购注意事项

1. 随着现在房地产市场越来越大，开发商也越来越多，所以购房人选择的余地也越来越大，预购人应选择资质可靠、经营规范，商业信誉良好的开发商作为交易对象。不要因为商品房的价格便宜就匆忙签订合同，遭受欺骗。在审查开发商资质时要注意以下三点：

（1）要注意审查开发商的《商品房预售许可证》和《国有土地使用权证》，开发商享有使用权的土地的具体范围，自己将要购买的商品房是否坐落于该范围之内。

（2）审查开发商的《建设用地规划许可证》《建设工程规划许可证》《建设工程开工许可证》，防止自己预购的商品房因上述证件的缺乏而面临不能开工的风险。

（3）除对有关证件进行查验外，预购人还应到开发项目所在地的县级土地行政管理部门查阅预购商品房所在土地的权属登记状况，以防止该土地已被抵押，致使自己的权利不能实现。

2. 开发商进行商品房预售应当符合下列条件：

（1）已交付全部土地使用权出让金，取得土地使用权证书。

（2）持有规划许可证。

（3）按提供预售的商品房计算，投入开发建设的资金达到工程建设总投资的百分之二十五以上，并已经确定施工进度和竣工交付日期。

（4）向县级以上人民政府房产管理部门申请办理预售登记，取得商品房预售许可证明。商品房预售人应当按照国家有关规定将预售合同报县级以上人民政府房产管理部门和土地管理部门登记备案。商品房预售所得款项，必须用于有关的工程建设。

只有符合上面四个条件的开发商才能够进行商品房预售。

案例 8

3000 万元金融借款保证责任被免除

杨云亮

一、案情简介

2013 年 12 月 4 日，陕西省榆林市大力工贸有限公司与中国某银行股份有限公司榆林分行签订了《流动资金借款合同》，合同约定由中国某银行股份有限公司榆林分行向榆林大力工贸有限公司贷款 3000 万元人民币用于支付货款及运费，借款期限为 12 个月，到期日为 2014 年 12 月 3 日，借款利率为浮动利率……

为了保证该笔贷款的履行，陕西华夏置业有限责任公司、榆林市天水房地产开发有限公司、榆林天路路桥建设有限公司、王昌和朱琴为榆林市大力工贸有限公司提供了连带责任保证，并分别签订了《最高额保证合同》。

陕西华夏置业有限责任公司与中国某银行股份有限公司榆林分行签订了《最高额保证合同》，约定陕西华夏置业有限责任公司对榆林大力工贸有限公司自 2013 年 12 月 4 日至 2014 年 12 月 3 日期间，在某行榆林分行形成的借款，在其最高余额人民币 3000 万元保证范围内承担连带责任保证。

2013 年 12 月 4 日，中国某银行股份有限公司榆林分行与被告榆林市天水房地产开发有限公司对上述《最高额抵押合同》，在榆林市公证处依法办理了赋有强制执行效力的债权文书公证。

2013 年 5 月 23 日，中国某银行股份有限公司榆林分行与借款人榆林市大力工贸有限公司、保证人榆林天路路桥建设有限公司、王昌和朱琴在榆林市公证处对《银行承兑协议》《最高额保证合同》办理了债权文书的公证。

2017 年 12 月，中国某银行股份有限公司榆林分行与中国信达资产管理有限公司陕西省分公司签署《债权转让协议书》，约定中国某银行股份有限公司榆林分行，将榆林市大力工贸有限公司所欠其贷款本金3000万元及相应利息，转让给中国信达资产管理有限公司陕西省分公司。

因榆林市大力工贸有限公司未按约向中国信达资产管理有限公司陕西省分公司偿还借款，2018年5月，中国信达资产管理有限公司陕西省分公司将借款人榆林市大力工贸有限公司和陕西华夏置业有限责任公司等保证人共同诉至法院，主张以下权利：

1. 判令被告榆林市大力工贸有限公司清偿借款本金3000万元、截至2018年3月31日的利息8184343元，以及从2018年4月1日起至该笔借款本息执行完毕之日止的利息；

2. 判令原告就榆林市天水房地产开发有限公司抵押的位于榆林市某区土地折价、拍卖或变卖所得款项，在其担保范围内享有优先受偿权；

3. 判令陕西华夏置业有限责任公司、榆林市天路路桥建设有限公司、王昌对榆林市大力工贸有限公司以上借款本息承担连带清偿保证责任；

4. 判令屈某在其继承已故保证人朱琴的遗产范围内，对以上借款本息承担连带清偿保证责任；

5. 判令本案诉讼费、财产保全费及其他实现债权的费用均由被告承担。

二、争议焦点

本案的争议焦点在于，原告请求被告陕西华夏置业有限责任公司承担3000万元最高额连带责任保证的诉请能否得到支持。原告中国信达资产管理有限公司陕西省分公司认为，其与中国某银行股份有限公司榆林分行2017年12月签订《债权转让协议书》后，于2018年2月28日在《陕西日报》刊登了债权转让事宜公告，主张了债权，起到了诉讼时效中断的法律效果。

被告陕西华夏置业有限责任公司认为，原告诉请被告承担3000万元最高额连带责任保证的诉请不应予以支持，理由如下。

1. 原告与借款人、部分保证人之间对借款及保证责任已经过公证部门公证，原告未经公证程序实现债权而直接诉请法院主张债权的行为违反法定程序，应依法予以驳回。

2013 年，被告榆林市大力工贸有限公司与中国某银行股份有限公司榆林分行签订《流动资金借款合同》。被告榆林市某路桥建设有限公司于 2013 年 5 月 23 日与中国某银行股份有限公司榆林分行签订《最高额保证合同》，为中国某银行股份有限公司榆林分行与被告榆林大力工贸有限公司之间的金融借款提供保证责任。2013 年 5 月 23 日，王昌和朱琴与中国某银行股份有限公司榆林分行签订《最高额保证合同》，为中国某银行股份有限公司榆林分行与被告榆林大力工贸有限公司之间的金融借款提供保证责任。2013 年 12 月 4 日被告榆林市天水房地产开发有限公司与原告签订《最高额抵押合同》，为中国某银行股份有限公司榆林分行与被告榆林大力工贸有限公司之间的金融借款提供担保责任。

2013 年 5 月 23 日，中国某银行股份有限公司榆林分行又与被告榆林市某路桥建设有限公司、王昌和朱琴对《最高额保证合同》在榆林市公证处办理了《公证书》，中国某银行股份有限公司榆林分行与被告榆林市天水房地产开发有限公司于 2013 年 12 月 4 日，对上述《最高额抵押合同》在榆林市公证处依法办理了赋有强制执行效力的债权文书的公证。

依据《最高人民法院关于审理涉及公证活动相关民事案件的若干规定》第三条第二款之规定，原告应依据赋有强制执行效力的债权公证文书通过直接申请人民法院强制执行的途径清偿债权，对原告直接诉请贵院主张债权的诉请应不予受理，已受理的应予以驳回。

2. 本案涉案主债权已过诉讼时效，且原告未在保证期间主张保证责任，应免除保证人陕西华夏置业有限责任公司的保证责任。

（1）本案涉案主债权已过诉讼时效

榆林大力工贸有限公司与中国某银行股份有限公司榆林分行签订的《流动资金借款合同》约定，借款期限为 12 个月，自 2013 年 12 月 4 日起至为 2014 年 12 月 3 日止，借款到期一次性偿还借款本息。对于本案，按照我国原民法通则的规定，普通诉讼时效期间为二年，故榆林市大力工贸有限公司与中国某银行股份有限公司榆林分行债权债务关系的诉讼时效自 2014 年 12 月 4 日起至 2016 年 12 月 3 日止。

中国某银行股份有限公司榆林分行第一次向榆林大力工贸有限公司主张债权，是在 2017 年 3 月；2017 年 12 月中国某银行股份有限公司榆林分行与本案原告进行涉案债权的转让。因此，本案原告关于涉案主债权的诉讼请求已过诉讼时效。按照《最高人民法院关于适用〈中华人民共和国民事诉讼法〉的解释》第二百一十九条的规定，本案被告陕西华夏置业有限责任公司请求法庭判决驳回原告的诉讼请求。

（2）原告未在保证期间主张保证责任，应免除保证人陕西华夏置业有限责任公司的保证责任。

保证人陕西华夏置业有限责任公司与中国某银行股份有限公司榆林分行签订了《最高额保证合同》，约定陕西华夏置业有限责任公司对榆林大力工贸有限公司自 2013 年 12 月 4 日至 2014 年 12 月 3 日期间形成的借款，在其最高余额人民币 3000 万元保证范围内承担连带责任保证。保证期间自主合同项下的借款期限届满之次日起 2 年，即自 2014 年 12 月 4 日起至 2016 年 12 月 3 日止。

中国某银行股份有限公司榆林分行第一次向被告陕西华夏置业有限责任公司主张保证责任是在 2017 年 3 月，因此原告主张保证责任的时间已超过约定的 2 年保证期间。按照我国原担保法第二十六条的规定，应当依法免除被告陕西华夏置业有限责任公司的保证责任。

三、法院裁决

法院认为，经审查，中华人民共和国陕西省榆林市公证处于 2013 年 12 月 4 日作出了〔2013〕榆证经字第 3 × × 号公证书，对 2013 年 12 月 4 日某行榆林分行与榆林市大力工贸公司签订的《流动资金借款合同》、与榆林市天水房地产公司签订的《抵押合同》均进行了公证，并赋予上述合同强制执行效力。

本案批复如下：依据《中华人民共和国公证法》第三十七条的规定，经公证的以给付为内容并载明债务人愿意接受强制执行承诺的债权文书依法具有强制执行效力。债权人或者债务人对该债权文书的内容有争议直接向人民法院提起民事诉讼的，人民法院不予受理。但公证债权文书确有错误，人民法院裁定不予执行的，当事人、公证事项的利害关系人可以就争议内容向人民法院提起民事诉讼。

信达公司应对上述《公证书》涉及的债权，根据法律规定申请人民法院强制执行。其未申请强制执行直接向人民法院起诉，不符合法律规定，故应驳回信达公司的起诉。

四、案例评析

本案涉及金融借款合同纠纷和保证合同纠纷两种主要的法律关系。

金融借款合同一般是指公民、法人或其他组织向商业银行借款，到期返本付息的协议。

保证合同是指保证人与债权人约定，当债务人不履行债务时，保证人按照约定履行债务或承担责任的协议。

被告陕西华夏置业有限责任公司（保证人）为被告榆林大力工贸有限公司（债务人）提供的保证方式是连带责任保证方式。作为保证人的陕西华夏置业有限责任公司要达到驳回原告诉请免除保证责任的目的，从宏观上来说应当从程序和实体两个方面进行分析研判，最后选出最佳的应诉方案。笔者在仔细研究本案的案情和证据资料，并研读借款、保证方面相关的法律、司法解释规定后，最终发现案件在程序、实体两个方面都有非常有力的立论之处。因此，笔者决定从程序、实体两个方面都进行抗辩，双管齐下，驳回原告针对被告陕西华夏置业有限责任公司的全部诉请。在程序方面，笔者以主债权和部分保证责任的法律文书均已经赋有法律强制执行效力为由，要求原告直接向被告和其他保证人申请强制执行，不应向人民法院依法起诉。在实体方面，笔者以原告的诉请既过了诉讼时效又过了保证期限为由，请求法院依法驳回原告之起诉。

可以说，程序、实体两个方面的辩护都有理有据，取得了较好的代理效果，法院以原告诉请的程序违法为由，驳回了原告信达公司的起诉。

五、律师说法

金融借款合同纠纷一方面是借款合同纠纷中最常见的一类借款纠纷，另一方面是借款合同纠纷中对提供担保有明确要求的借款纠纷。

作为市场经济的主体，为企业融资进行担保有时是不可避免的。在提供担保时，一方面市场经济的参与者一定要对债务人的清偿能力进行客观评估，对融资担保方面的基本法律知识有所了解；另一方面在不可避免地发生融资担保法律风险后，要第一时间聘请法律、金融方面的专业人士提供帮助，切不可盲目应对，避免造成不必要的损失。

案例 9

企业商标专用权依法受保护

杨云亮

一、案情简介

陕西大地工业股份有限公司，是领先业界、面向全球的缝制设备和服务方案提供商，主要从事高品质、全系列工业缝纫机的研发、生产和销售，具有为服装、箱包、鞋帽、汽车内饰、家具、家纺等领域提供整体解决方案的能力。“TYPI”牌工业缝纫机是中国品牌、中国驰名商标、国家免检产品。

陕西大地工业股份有限公司向国家商标局申请注册了“TYPI”商标，于 2016 年 7 月 14 日经海关总署备案。该商标的注册有效期为 2010 年 12 月 14 日至 2020 年 12 月 13 日。

2016 年 8 月 21 日，中华人民共和国厦门海关以《确认进出口货物知识产权状况通知书》告知陕西大地工业股份有限公司：会唱华英贸易有限公司向厦门海关申报出口一批旧电动缝纫机到印度尼西亚，经查验发现其中 680 台旧电动缝纫机上有“TYPI”字样标识。请陕西大地工业股份有限公司对嫌疑货物进行识别并回复厦门海关。经陕西大地工业股份有限公司派员进行现场查验后确认，被厦门海关暂扣的会唱华英贸易有限公司销往印度尼西亚 680 台标有“TYPI”字样的旧电动缝纫机系假货，会唱华英贸易有限公司涉嫌侵犯陕西大地工业股份有限公司知识产权。经陕西大地工业股份有限公司申请并提供担保后，厦门海关将假货全部予以扣押。

陕西大地工业股份有限公司随即将会唱华英贸易有限公司诉至厦门市湖里区人民法院，主张：

1. 判令被告立即停止生产、销售侵犯原告商标权商品的行为；

2. 判令被告赔偿原告经济损失 20 万元人民币；

3. 判令本案诉讼费、证据保全费由被告承担。

二、争议焦点

本案的争议焦点在于，被告销售680台标有“TYPI”字样的旧电动缝纫机的行为是否侵犯了原告商标专用权，即被告是否在相同或者类似的商品上使用原告所享有的“TYPI”注册商标。

陕西大地工业股份有限公司，是领先业界、面向全球的缝制设备和服务方案提供商，是中国缝制设备行业的龙头企业，在缝制设备领域具有悠久的历史。“TYPI”牌工业缝纫机是中国品牌、中国驰名商标、国家免检产品。陕西大地工业股份有限公司向国家商标局申请注册“TYPI”商标，于2016年7月14日经海关总署备案。2016年8月21日，中华人民共和国厦门海关以《确认进出口货物知识产权状况通知书》告知陕西大地工业股份有限公司：会唱华英贸易有限公司2016年8月12日向厦门海关申报出口一批旧电动缝纫机到印度尼西亚，经查验发现其中680台旧电动缝纫机上标有“TYPI”字样标识。请陕西大地工业股份有限公司对嫌疑货物进行识别并回复厦门海关。经陕西大地工业股份有限公司辨认为假货，会唱华英贸易有限公司涉嫌侵犯陕西大地工业股份有限公司知识产权。被告应立即停止生产、销售侵犯原告商标权的行为，并赔偿损失。

对涉案的680台标有“TYPI”字样标识的缝纫机被厦门海关认定为侵权产品的事实，会唱华英贸易有限公司没有争议，会唱华英贸易有限公司只是代理公司，并不是本票货物的真正货主。因为货物被海关认定侵权并扣押，货主已经下落不明。

涉案出口货物是二手缝纫机，在代理出口过程中会唱华英贸易有限公司没有审查相应单证，不是故意侵犯大地公司的商标权。

涉案缝纫机共680台，货值金额人民币41289元，该货物被海关查获并没收，没有给大地公司造成实际损失，会唱华英贸易有限公司也没有因该代理行为获得利益，原告请求损害的赔偿过高，请法庭酌情处理。

三、法院裁决

厦门市湖里区人民法院认为，陕西大地工业股份有限公司的注册商标处在注册有效期内，其注册商标专用权依法应当受到保护。他人未经允许，不得将该商标在相同或类似商品上使用。

会唱华英贸易有限公司销售假冒陕西大地工业股份有限公司的注册商标的侵权商品行为应予以认定。会唱华英贸易有限公司提出其只是代理公司，并不是真正货主，不能举证证明，且与厦门海关的认定事实不符，本院不予采信。

关于赔偿损失的具体数额，鉴于原告不能举证证明侵权人被告因侵权所获得的利益或原告因侵权行为所受到的损失，本院将根据涉案商标的知名度、被告的主观过错、侵权产品的销售对象、价格、数量、后果等因素酌情确定被告的赔偿数额。原告未举证证明被告有生产行为，故对其要求被告停止生产的诉讼请求不予支持。因此人民法院判决如下：

1. 会唱华英贸易有限公司于本判决生效之日起立即停止销售涉案侵权商品。

2. 会唱华英贸易有限公司于本判决生效之日起 10 日内赔偿陕西大地工业股份有限公司经济损失人民币 68000 元。

3. 驳回陕西大地工业股份有限公司其他诉讼请求。

四、案例评析

注册商标的专用权以核准注册的商标和核定使用的商品为限。侵犯注册商标专用权主要包括以下情形：

1. 未经商标注册人的许可，在同一商品或者类似商品上使用与其注册商标相同或近似的商标的；

2. 销售侵犯注册商标专用权的商品的；

3. 伪造、擅自制造他人注册商标标识或者销售伪造、擅自制造的注册商标标识的；

4. 未经商标注册人同意，更换其注册商标并将更换商标的商品又投入市场的；

5. 给他人的注册商标专用权造成其他损害的。

本案中，会唱华英贸易有限公司侵犯注册商标专用权的行为属于未经商标注册人的许可，在同一商品或者类似商品上使用与其注册商标相同或近似的商标的情形。原告陕西大地工业股份有限公司提交相关证据证明，被告会唱华英贸易有限公司销售的标有“TYPI”字样标识的工业缝纫机，系假冒陕西大地工业股份有限公司注册商标的侵权产品，并且被告对该观点和意见予以认可，所以被告的侵权行为被人民法院依法认定并要求立即停止。

关于被侵权人主张赔偿损失的，被侵权人应当举证证明侵权人因侵权所获得的利益或被侵权人因侵权行为所受到的损失，以上损失都难以确定时，由人民法院在不超过50万元的标准内酌情确定。人民法院在酌情确定50万元的标准以内的赔偿金额时，一般会参考注册商标的知名度、侵权行为的性质、期间、后果，商标的声誉，商标使用许可费的数额，商标使用许可的种类、时间、范围及制止侵权行为的合理开支等进行综合判断。

五、律师说法

知识产权是指人的智力劳动产生的智力劳动成果所有权。随着知识产权在国际经济竞争中的作用日益上升，越来越多的国家都已经制定和实施了知识产权战略。自2008年《国家知识产权战略纲要》颁布之后，我国陆续修正了商标法、专利法、著作权法和反不正当竞争法等法律。从宏观层面上讲，国家已经在法律制度层面为企业知识产权权益的保护提供了较强的法律依据，为企业知识产权保护指明了方向，提供了保障。

但是如何正确地保护知识产权，起到正面的影响力和社会效能，作为企业来说，还应更多地着眼于企业的文化、制度、管理等方面，建立较为科学、完善的知识产权内部保护制度，从源头上遏制知识产权的侵权行为的发生。

第三章

杨律师以案说法:行政案件

案例1

张某某诉某某市公安局某某区分局行政赔偿案

杨永明

一、案情简介

2006年3月3日凌晨3时许，被害人刘某某（某某区某某办事处干部）路过某某区某某路农行储蓄所门前，被苏某某、吴某某，佟某拦截抢劫，犯罪嫌疑人用匕首在其大腿外侧及左臀部各刺一刀，在逃离现场前又在其背部刺了一刀。刘某某被刺伤后喊叫求救，被个体司机胡某某看见，胡某某即用手机于4时2分24秒给110报警台打电话报警（时长63秒），而后"都市丽人"美容中心经理梁某见刘某某在店外马路上半卧招手求救，满地是血，便用固定电话先后于4时13分53秒（时长31秒）、4时20分53秒（时长110秒）两次打电话报警。梁某于4时24分20秒（时长79秒）第三次给110打电话报警，110值班警员接警后既未及时出警也未及时处警。直至6时许又有早晨锻炼路过此地的人就此事再次拨打110报警，110值班接警人员才通知出警，于6时23分35秒电话指令某某派出所出警。从第一次报警到出警到现场历时2小时30分。此时被害人刘某某因失血过多已经死亡。经法医鉴定：被害人刘某某系被他人持锐器刺破股动脉，致失血性休克死亡。某某市某某区人民法院〔2007〕麦刑初字第4号刑事判决书，某某市中级人民法院〔2007〕天刑二终字第01号刑事裁定书认定某某市公安局某某分局干警高某某犯玩忽职守罪，免于刑事处罚。被害人之妻张某某于2009年1月16日以公安机关行政不作为为由向某某市公安局某某分局提出行政赔偿的申请，某某市公安局某某分局在接到赔偿申请后于2009年3月13日作出不予赔偿的决定。被害人刘某某的妻子张某某、父亲刘某某、母亲张某某、儿子刘某、女儿刘某作为原告于2009年4月27日向某某市某某区人民法院提起行政赔偿诉讼，请求判令被告某某市公安局某某分局赔偿刘某某死亡赔偿金和丧葬费 498640 元，被抚养人生活费 26959.95 元。某某市法律援助中心指派甘肃纪元律师事务所律师杨永明为原告进行法律援助，代理原告出庭进行诉讼。某某市某某区人民法院对该案进行了审理，原告认为被告某某市公安局某某分局 110 报警服务台在被害人刘某某被犯罪分子刺伤后，连续多次接到群众报警，不正确履行法定职责，拖延近 2 小时 30 分不出警，被告的行为已造成了刘某某未能及时得到救治而失血过多死亡的严重后果。被告的不正确并拖延履行职责的违法行为与被害人刘某某的死亡之间存在因果关系，被告应承担行政赔偿责任。被告在答辩时认为被害人刘某某的确切死因是犯罪分子持锐器刺破股动脉造成的，原告诉其行政赔偿没有事实根据，被告对被害人的死亡结果没有直接的因果关系，被告不应当承担行政赔偿责任。

某某市某某区人民法院于 2010 年 3 月 31 日作出〔2009〕麦民赔初字第 3 号行政赔偿判决。该判决认为，被告某某市公安局某某分局在接到报警后未及时出警的行为，违反其法定职责，构成行政不作为，该行政不作为与损害结果与被害人刘某某的死亡存在一定的因果关系。被告应当对被害人刘某某的死亡承担相应的行政赔偿责任。被告所持刘某某的死亡与出警行为没有必然因果关系的辩解理由不能成立。原告张某某、刘某某、张某某、刘某、刘某作为受害人的法定继承人，有获得被告某某市公安局某某分局行政赔偿的权利，其赔偿请求应予支持。判决由被告某某市公安局某某分局于判决生效之日起 30 日内赔偿原告张某某、刘某某、张某某、刘某、刘某 116916 元，驳回原告张某某、刘某某、张某某、刘某、刘某关于生活费的赔偿请求。

该判决送达后，被告对判决不服向某某市中级人民法院提起上诉，认为刘某某的死亡与出警行为没有必然因果关系，刘某某的死亡是罪犯的行为造成的，其不应承担行政赔偿责任。同时，原告也向某某市中级人民法院提起上诉，认为原审判决判令被告赔偿的数额比例太低。该案在上诉期间被告向其上级部门直至公安部进行反映，认为其不应承担行政赔偿责任。

某某市中级人民法院向某某省高级人民法院请示，某某省高级人民法院又向最高人民法院请示，最高人民法院在 2013 年 9 月 22 日给某某省高级人民法院进行了答复。答复的内容如下：

最高人民法院关于公安机关不履行、拖延履行法定职责如何承担行政赔偿责任问题的答复

（〔2011〕行他字第24号）

某某省高级人民法院：

你院《关于张某某等五人诉某某市公安局某某分局行政赔偿案的请示报告》收悉，经研究，答复如下：

公安机关不履行或者拖延履行保护公民、法人或者其他组织人身权、财产权法定职责，致使公民、法人或者其他组织人身、财产遭受损失的，应当承担相应的行政赔偿责任。公民、法人或者其他组织人身、财产损失系第三人行为造成的，应当由第三人承担民事侵权赔偿责任；第三人民事赔偿不足、无力承担赔偿责任或者下落不明的，应当根据公安机关不履行、拖延履行法定职责行为在损害发生过程和结果中所起的作用等因素，判决其承担相应的行政赔偿责任。公安机关承担相应的赔偿责任后，可以向实施侵权行为的第三人追偿。

该答复下发后，某某省高级人民法院高度重视该案，指示某某市中级人民法院尽快审理此案，并将审理结果上报某某省高级人民法院。

某某市中级人民法院对该案进行了审理，在审理中主审法官做了大量调解工作，最后，该案双方于2014年4月25日达成调解，某某市中级人民法院制作了行政赔偿调解书，被告某某市公安局某某分局在2014年6月10日前一次性给张某某、刘某某、张某某、刘某、刘某支付刘某某死亡赔偿金20万元，至此该案审理结束。某某市中级人民法院对该案进行调解，使该案取得了良好的社会效果，化解了双方的矛盾。同时，最高人民法院对该案的答复，也为全国各地法院今后审理此类案件提供了司法解释和指导依据，该案是一个里程碑式的行政赔偿案件，将会有力地促进公安机关正确履行职责，更好地保护公民、法人和其他组织的合法权益。该案先后被评为司法部法律援助百件优秀案例、最高人民法院公布的人民法院关于行政不作为十大案例、某某省高级人民法院十大案例。

二、案例评析

本案是一起行政不作为引起的行政赔偿案，被告某某市公安局某某分

局 110 报警服务台在被害人刘某某被犯罪分子刺伤后，连续多次接到群众报警，不履行法定职责，近两个半小时不出警，导致刘某某因失血过多未及时救治而死亡。这种行为是一种严重的行政不作为的违法行为。首先，被告某某市公安局某某分局作为国家公安部门，根据《中华人民共和国人民警察法》规定，在被害人刘某某被罪犯刺伤他人报警后，负有法定的出警、救助义务。但被告某某市公安局某某分局并未以积极的方式履行其法定职责，其行为违反其法定职责构成行政不作为。本案查明的事实已明确证实，刘某某被犯罪分子刺伤后，喊叫求救，从第一个人打 110 报警，到最后一人打 110 报警，从 2006 年 3 月 3 日凌晨 4 时 02 分 24 秒至 6 时许 2 小时，某某市公安局某某分局 110 报警服务台值班接警人员接警后不及时出警，赶到现场时已超过了 6 时 30 分，此时刘某某因失血过多未能及时救治而死亡。根据人民警察法第二十一条第一款规定“人民警察遇到公民人身、财产安全受到侵犯或者处于其他危难情形，应立即救助；……对公民的报警案件，应当及时查处。”被告某某市公安局某某分局 110 报警服务台的值班接警人员，在接到前几次报警后有意不出警，最后一次接到报警后近半小时作出了处警指令。这种行为既违反了人民警察法的以上规定，又违反公安部《110 接处警工作规则》第十条、第十一条及《110 报警服务工作规范化标准》第一条、第四条的规定，不正确履行保护人民生命财产安全、打击犯罪的法定职责，其行为是严重的违法行政不作为，已构成了行政侵权，侵害了公民刘某某的合法权益。其次，被害人刘某某在被罪犯刺伤后，并未直接死亡，而是因未能获得本可获得的及时救助而导致失血性休克死亡。即被害人刘某某最终死亡结果的发生与被告某某市公安局某某分局接警后不及时出警的行政不作为之间，具有一定的因果关系。

被告行政不作为行为已造成了刘某某未能得到及时救治而失血过多死亡的严重后果。从报警到最后处警时间来看，近两个半小时未处警，刘某某在受伤后长时间流血，因失血过多死亡。

被告的违法侵权行为与被害人刘某某的死亡之间存在因果关系。被告的违法侵权行为与被害人刘某某的死亡主要存在两个方面的因果关联性：一是被害人刘某某的生命处于危险境地，被告负有这种救助的法定义务而不履行这种义务，造成刘某某未得到及时救治而失血过多死亡，这种危害结果与被告行政不作为之间具有直接因果关系。二是被告不作为使刘某某受伤结果因有意拖延救治而扩大到死亡的严重后果，被告的不作为是刘某某由受伤到最后死亡的外部条件，行政不作为和刘某某死亡之间存在着因果关系。根据《最高人民法院关于公安机关不履行、拖延履行法定职责如何承担行政赔偿责任问题的答复》，由于公安机关不履行、拖延履行法定行政职责，致使公民、法人和其他组织的合法权益遭受损害的，应当承担相应的行政赔偿责任。被告某某市公安局某某分局应依法承担行政赔偿责任。某某区人民法院对该案事实的认定是正确的，判决被告某某市公安局某某分局承担部分赔偿责任是公正的。

案例2

教师加班用餐时猝死，人社局连续多次认定不属工伤案

杨笃红

一、案情简介

2017年1月21日（寒假期间），山西××县青年教师段某某在放假加班吃午饭时猝死，校方及时申请工伤认定，但当地人社部门三次不予认定工伤，即便二审法院作出终审行政判决，人社局仍旧作出第四次不认定工伤的决定，导致一个并不复杂的工伤认定案件却产生了两年多来来回回的曲折，其间的救济过程之艰难和案件本身当中的曲折远远超过一般人的想象……

二、争议焦点

本案争议的焦点在于，青年教师段某某是不是因工作原因、在工作时间、在工作岗位突发疾病死亡，是否属于工伤？

被告人社局认为加班吃饭的时间不属于工作时间，不予认定工伤。

第一次不认定的理由：吃饭不是工作，更不是在工作时间；第二次的理由：学校放假不是上班；第三次的理由：事发当日加班教师在外就餐的费用不符合规定，就餐不能认定为工作需要，死亡也不能认定为工伤。

原告方当然认为段某某的死亡是在学校安排的就餐地点，在加班就餐期间身亡，应当属于工作时间和工作地点的合理延伸，应认定为工伤。

代理律师意见（二审）如下：（1）原审判决认定的事实清楚，适用法律正确，应当维持。（2）上诉人人社局的上诉理由和主张与事件本身之间没有逻辑关系，饭费发票报销与否与本案的工伤认定也无关联，工伤事件已形成，不会因为饭费发票是否报销而改变。故人社局的上诉请求不应得到法院支持。（3）由于上诉人对法律的理解偏差，出现了自以为是的“解

释”，人为地导致一而再、再而三的滥职滥为，故应驳回上诉，维持一审判决。(4) ××人社局应以社会利益、国家法律为重，依法行政。

三、法院裁决

山西省临猗县人民法院行政判决书

（〔2018〕晋0821行初20号）

本院认为：依据国务院《工伤保险条例》第五条第二款关于“县级以上地方各级人民政府社会保险行政部门负责本行政区域内的工伤保险工作”的规定，本案被告作为县级社会保险行政部门，依法具有对本辖区内受伤害、死亡职工是否构成工伤进行认定的法定职责。段某某系第三人交流教师，2017年寒假由第三人抽调至单位加班，于中午在校外就餐过程中突发疾病死亡，第三人向被告申请进行工伤认定，被告受理、进行调查处理，符合法律规定。上述事实清楚，双方均无异议，予以确认。本案争议的焦点是段某某是不是因工作原因、在工作时间、工作岗位突发疾病死亡，死亡情形是否属于工伤。被告前两次作出的不予认定工伤决定分别被临猗县人民法院和稷山县人民政府以事实不清、证据不足为由予以撤销。第三次理应依法履责，查明事实，依照法定程序，作出公平、公正的决定。但从原告提起诉讼到庭审结束，被告没有提交任何重新调查后关于段某某加班、吃饭、死亡一系列事实方面的相关证据，以及第三人和段某某家属为段某某申请认定工伤的相关证据材料，仅提交了三份关于报销加班餐费的相关证据，被告以此认定第三人报销事发当日加班教师在腾龙大盘鸡餐馆就餐的费用不符合规定。该三份证据能够证实第三人统一安排加班餐的事实，第三人报销加班餐餐费是否符合规定和段某某是否构成工伤不具有关联性。段某某是不是因工作原因、在工作时间、工作岗位突发疾病死亡，被告在稷人社工伤不认〔2018〕0001号不予认定工伤决定中均未查明，亦未提交相关证据；故被告作出的〔2018〕0001号不予认定工伤决定，认定事实不清，证据不足，本院依法不予支持。另，《中华人民共和国行政复议法》第二十八条第二款规定：行政复议机关责令被申请人重新作出具体行政行为的，被申请人不得以同一的事实和理由作出与原具体行政行为相同或者基本相同的具体行政行为。被告作出的稷人社工伤不认

〔2018〕0001号不予认定工伤决定与其作出的〔2017〕0002号不予工伤认定决定，认定的事实和理由基本相同，违反法律规定。综上，依据《中华人民共和国行政诉讼法》第七十条第（一）、（三）项之规定，判决如下：

一、撤销被告稷山县人力资源和社会保障局作出的稷人社工伤不认〔2018〕0001号不予认定工伤决定书。

二、被告稷山县人力资源和社会保障局对段某某死亡情形是否属于工伤重新作出认定。

山西省运城市中级人民法院行政判决书

（〔2019〕晋08行终2号）

上诉人稷山县人力资源和社会保障局诉被上诉人段李春、第三人稷山县城区中心校工伤行政管理一案，不服山西省临猗县人民法院〔2018〕晋0821行初20号行政判决，向本院提起上诉。本院依法组成合议庭，对本案进行了审理，现已审理终结。

原判认定，段某某系稷山县太阳中心校董家庄学校教师，2016年9月因轮岗交流到第三人稷山县城区中心校所辖南街小学任教。2017年1月21日寒假期间，因均衡验收工作，第三人稷山县城区中心校抽调段某某、郝甜、靳晓蓉、赵首赟、景建东、蔡丹阳等11名教师到第三人单位加班。中午加班教师在稷王南路腾龙大盘鸡吃午餐，就餐过程中，段某某于12时50分左右突然发病倒地，随后120将段某某送往稷山县人民医院急救，经抢救无效于当日死亡，死亡原因：心源性猝死。事故发生后，第三人向被告申请进行工伤认定，被告先后三次分别作出稷人社〔2017〕0001号不予认定工伤决定；〔2017〕0002号不予认定工伤决定书；〔2018〕0001号不予认定工伤决定。针对被告的三份不予认定工伤决定书，段某某的近亲属均不服，两次向临猗县人民法院提起行政诉讼，一次向稷山县人民政府申请行政复议。稷山县人民政府依据原告的申请，经复议，于2017年11月21日作出稷政行复决字〔2017〕2号行政复议决定书，撤销被告作出的稷人社〔2017〕0002号不予认定工伤决定书。被告于2018年1月18日第三次作出稷人社〔2018〕0001号不予认定工伤决定，认定的事实和理由与〔2017〕0002号不予认定工伤决定书认定的事实和理由基本相同。原告不服，故第二次向临猗县人民法院提起行政诉讼。本案争议的焦点是段某某是不是因工作原因、在工作时间、工作岗位突发疾病死亡，是否属于工伤？原告认为段某某的死亡是在学校安排的就餐地点，在加班就餐期间身亡，应当属于工作时间和工作地点的合理延伸，应认定为工伤。被告不认可加班吃饭的时间属于工作时间，故作出不予认定工伤的结论。被告作出的〔2017〕0002号、〔2018〕0001号不予认定工伤决定书和第一次作出的〔2017〕0001号不予认定工伤决定书认定的事实有出入。〔2017〕0001号不予认定工伤决定书认定事实部分中确认：为了按时完成任务，中心校（第三人）安排各位老师中午不回家，统一吃工作餐后继续工作，还有段某某在吃饭过程中突然捂住肚子面容痛苦等事实。被告作出的〔2017〕0002号和〔2018〕0001号不予认定工伤决定书中回避了这些事实。关于段某某加班、吃饭、死亡一系列事实的相关证据，以及第三人和段某某家属为段某某申请认定工伤提交的相关证据材料，被告从收到举证通知到庭审结束，没有向本院提交任何认定事实的相关证据，仅提交了三份关于报销加班餐的相关证据，认定第三人报销事发当日加班教师在腾龙大盘鸡餐馆就餐的费用不符合规定。原告本次起诉的另一个理由是：被告作出的〔2017〕0002号和〔2018〕0001号不予认定工伤决定书认定的事实和理由基本相同，被告的行为违背了行政复议法第二十八条“行政复议机关责令被申请人重新作出具体行政行为的，被申请人不得以同一的事实和理由作出与原具体行政行为相同或者基本相同的具体行政行为”的规定，依据法律规定，应予撤销。经当庭质证，被告作出的〔2017〕0002号和〔2018〕0001号不予认定工伤决定书认定的事实和理由基本相同。

原审认为（略）。

上诉人稷山县人力资源社会保障局诉称：(1) 稷山县城区中心校申请段某某死亡的工伤认定一案经我局调查核实：段某某死亡系城区中心校组织部分教师利用假期整理均衡验收所需资料，在中午间歇时间用餐时，段某某突发疾病，经抢救无效死去。(2) 我局收到稷山县人民政府行政复议决定后进行了调查核实取得了新的证据；一审第三人为了配合决定后进行了调查核实取得了新的证据；一审第三人为了配合一审原告把午餐做成工作餐提供了虚假发票；稷山县城区中心校虚假报销的依据是《稷山县关于公务接待的规定》；2017年1月21日加班用餐情况说明，段某某等教师是

2017 年 1 月 21 日用的餐，城区中心校一直表明不能报销，没有向腾龙大盘鸡餐馆索要发票，但到了 2017 年 12 月 18 日为了配合一审原告作成吃“工作餐”的证据，找了不合理的依据、虚假发票做了违规的报销。我局是用新的证据作出的不予认定工伤决定。因此不存在一审法院认为的以同样的事实和理由，作出与原行政行为相同或基本相同的具体行政行为。

被上诉人段李春、刘菊兰、原红菲、段某诉称：(1) 原审判决书认定的事实清楚，适用法律正确，应予维持。(2) 上诉人上诉的理由是其所谓的新证据（发票），但发票不改变事实，不应支持。(3) 由于稷山人社局对法律的理解偏差才出现了自以为是的解释，以及人为原因导致一而再、再而三的乱作为。上诉应驳回，维持一审判决。

第三人稷山县城区中心校述称：(1) 上诉人所称的发票问题是不存在虚假的。(2) 发票与工伤认定不存在法律上的关联性。

本院认为，根据《工伤保险条例》第十四条规定，职工在工作时间和工作场所内，因工作原因受到事故伤害的，应当认定为工伤。本案中，上诉人作出的不予认定工伤决定中，未查明段某某突发疾病死亡时是否属于在工作期间和工作场所内，因工作原因的事实，亦未向人民法院提交该事实的相关证据，故其该行政行为，认定事实不清，证据不足。根据《中华人民共和国行政复议法》第二十八条规定，行政复议机关责令被申请人重新作出具体行政行为的，被申请人不得以同一的事实和理由作出与原具体行政行为相同或者基本相同的具体行政行为。上诉人于 2017 年 6 月 29 日作出的稷人社〔2017〕0002 号不予认定工伤决定，在被复议机关稷山县人民政府作出的稷政行复决字〔2017〕2 号行政复议决定书予以撤销后，仍以同一事实及理由作出稷人社〔2018〕0001 号不予认定工伤决定，明显违反上述法律规定。原判对上诉人作出的行政行为予以撤销，符合法律规定。上诉人应对段某某死亡情形是否属于工伤，在重新作出决定程序中要严格按照《最高人民法院关于审理工伤保险行政案件若干问题的规定》及相关法律规定，对段某某死亡情况是否属于工伤重新作出认定。综上，上诉人所诉理据不足，本院不予支持。原判认定事实清楚，适用法律正确，应予维持。依照《中华人民共和国行政诉讼法》第八十九条第一款第（一）项之规定，判决如下：

驳回上诉，维持原判。

七、律师说法

正义有时会迟到，但永远不会缺席。

本案是一个行政确认案件，一个事实非常简单清楚、法律适用非常明了的案件，但鉴于本案艰辛维权事例的发生，杨律师就结合“行政执法程序失当或非功利原因造成正义的迟到”加以分析。

监督是公民的权利，更是媒体的职责，促成本案正义的到位，民众及媒体的监督功不可没。根据《中华人民共和国宪法》第二十七条规定，一切国家机关和国家工作人员必须依靠人民的支持，经常保持同人民的密切联系，倾听人民的意见和建议，接受人民的监督，努力为人民服务。《中国新闻工作者职业道德准则》第一条规定，全心全意为人民服务。忠于党、忠于祖国、忠于人民，把体现党的主张与反映人民心声统一起来，把坚持正确舆论导向与通达社情民意统一起来，把坚持正面宣传为主与正确开展舆论监督统一起来，发挥党和政府联系人民群众的桥梁纽带作用。

媒体的适时监督尤为重要。媒体获知后纷纷报道，节录如下。据新京报报道，2017 年 1 月 21 日，山西稷山县一位“90 后”男教师暑期加班吃午饭时猝死，工伤认定一波三折。本报记者从稷山县人力资源和社会保障局及死者家属处获知，该局三次不予认定工伤决定，分别被政府行政复议、临猗县法院和运城中院撤销，第四次依然认定不属工伤，理由为“非工作时间，未在岗位上遇故身亡”。事情并不复杂。根据《最高人民法院关于审理工伤保险行政案件若干问题的规定》第五条规定，在因加班用工作餐时间突发疾病身亡也属于“三工”（指工作时间、工作场所、工作原因）的合理延伸范围，将该情形认定为工伤有利于维护职工及其亲属的合法利益。稷山县政府作出的行政复议也以此为依据否认了人社局不予认定结果的做法，人社局何以还坚持不放？为此，人社局不能以违法和牺牲职工正当利益为代价。

2019 年 8 月 13 日，稷山县政府就此事回复新京报记者，称经专家和律师研讨，依据最高院相关司法解释，稷山县人社局决定“对段某某加班时在外用餐期间因病死亡的情形于 2019 年 8 月 9 日认定为工伤”。

阳光总在风雨后！2019 年 8 月下旬，段家人告知杨律师，工伤赔偿已全部到位。

第四章

律师代理案件:诉讼规则与智慧

打官司应该避免的12个误区

中华杨氏律师联盟

到法院打官司的人，没有谁不想胜诉！但是，打官司除了要摆事实讲法律，还要讲究技巧。如果忽视技巧，很可能导致打官司败诉。

下面是打官司的人经常面临的12个误区，如果可以避免，那么，必将有助于打赢自己的官司！

一、关于诉状的两个误区

误区一：越长越好

起诉状是提起诉讼必备的材料之一。在书写起诉状时，很多人洋洋洒洒，奋笔写下数十页，希望面面俱到，恐有遗漏，堪比一篇小论文。实际上，在司法实践中，一般不要超过2页纸，尽量言简意赅。

其实，诉状以及答辩状最主要的目的在于让法官了解当事人的主张及其理由，所以只要写清楚自己的诉讼请求或主张，并简要陈述这些诉讼请求或主张所依据的事实、法律即可。

误区二：过分富于感情色彩

法律面前，讲事实、摆法律才是真理。有些法官就曾收到过通篇充斥着对原审法官及对方当事人“问候”的诉状，也收到过大篇幅讲述当事人人生经历的“陈情书”。

二、关于庭审的六个误区

误区一：要在气势上压倒对方

有些人一出法庭就开始懊悔，觉得庭审中对方气焰嚣张，然而自己却“该动口时没动口”。

其实这种心情大可不必。开庭主要是说服法官，用事实证据、法律观点去争取法官支持自己。气势上的软弱或强硬对案件的判决影响不大。

法官会认真倾听、提问，辅助语言、空间使用，最终作出科学合理的判决。

误区二：发言时间越长越好

无论法官问什么，有的当事人都要反复强调己方所有观点。这样做只会徒增庭审时长，浪费时间，无益于最终判决，甚至你的主要观点和依据都会淹没在滔滔不绝的发言之中。

因此，简明扼要的庭审发言才是上策。在已提交书面意见的情况下，可以简要概括书面意见的主要观点。在法庭调查阶段回答问题时，要听清提问，有针对性地回答，避免答非所问。

误区三：辩赢对方就能胜诉

打官司不是辩论赛。虽然开庭包含了法庭辩论环节，但法庭辩论与辩论赛并不相同。在案件审理中，法官每查明一个事实，都必须有相应的证据予以支持，而每一个事实所指向的法律后果，都必须有充分的法律依据。而且，双方当事人并非必然处于绝对对立的地位。

因此，过分使用辩论技巧，或者反驳对方所陈述的一切，都无助于胜诉。一场成功的法庭辩论，关键在于清楚阐述己方证据与待证事实之间的关系，在于从证据和法律上充分论证己方主张。让法官采信你的主张，才是庭审的胜利。

误区四：近亲属不可以作证

很多人以为近亲属不可以作证。根据我国民事诉讼法第七十二条规定，"凡是知道案件情况的单位和个人，都有义务出庭作证"。这就是说，证人的唯一条件是知道案件情况。由此可知，近亲属也可以作证，只是证明力相对较小。

误区五：为了胜诉提供虚假的证据

有些人为了胜诉，不惜提供虚假证据。有的人伪造笔迹，殊不知，随着科技进步，对于笔迹的形成时间、是否出自同一人之手等都能鉴定出来。一旦提供虚假证据，原本胜诉有望的案件反而处于被动地位。对此，笔者建议，没有直接证据可以提供间接证据。为了胜诉而提供虚假的证据的，情节严重者还可能构成犯罪。

误区六：一定要和法官"搞关系"

想打赢官司一定要和法官"搞好关系"，似乎只要贿赂法官，就能夺取胜利。虽然司法腐败偶有出现，但事实上大多数法官是遵守职业操守的。有时候，输了官司不一定是法官徇私枉法。司法改革落实办案法官终身负责制，即法官对办理的案子要终身负责。作为当事人来讲，打官司还得扎扎实实准备，切记不要走捷径。

三、关于证据材料的两个误区

误区一：证据突袭，让对方措手不及

有些当事人在法院通知的举证期限内不提交证据，甚至不参加庭前证据交换，却在开庭时当庭呈上大量证据材料。有些当事人在案件几个月的审理期内，断断续续地提交了十多次证据材料。

关于提交证据，正确的做法是在指定的举证期内一次性地针对诉辩主张提交证据。如果是在举证期内无法搜集到的证据，则可以在举证期间届满前向法院申请延期举证。提交的证据材料应当逐一分类编号并装订成册，对证据材料的来源、证明对象和内容作简要说明，签名盖章，注明提交日期，并依照对方当事人人数提出副本。

误区二：法官会主动帮你调查取证

我国民事诉讼法第六十四条第一款、第二款规定："当事人对自己提出的主张，有责任提供证据。当事人及其代理人因客观原因不能自行搜集的证据，或者人民法院认为审理案件需要的证据，人民法院应当调查搜集。"可总结出三点：一是谁主张谁举证，也即对自己提出的主张有义务举证来证实；二是搜集证据确因客观原因搜集不到，有困难时才可以申请法官调取；三是法官觉得确有必要的情况才同意搜集。因此，不能简单地认为法官会主动帮当事人调查取证。

四、关于判决执行的两个误区

误区一：赢了官司就万事大吉

"行百里者半九十"，拿到理想的判决只是万里长征的第一步，理想的判决执行到位革命才成功。所谓的打赢官司输了钱就是没执行到位。根据我国民事诉讼法第二百三十九条规定，申请执行的期限为二年。需要注意，申请执行的期限只有二年，拿到判决后还应及时申请执行。

误区二：对方名下没钱就执行不了

法院的执行手段很丰富，例如：拘留，限制坐飞机、高铁，限制出境，限制高消费，媒体曝光，记入失信“黑名单”等。为此，有的被执行人往往会拿出隐藏或转移的财产或者由其亲属朋友拿出钱来“赎身”。

18类诉讼案件原告需要提交的证据

中华杨氏律师联盟

打官司需要证据。打什么类型的官司，需要准备什么证据，才可以打赢官司，一直是当事人特别关心的事情。为此，中华杨氏律师联盟针对不同类型的诉讼案件，汇总了常见的18类诉讼案件需要搜集的证据，作为诉讼律师和当事人打官司的参考。

一、婚姻纠纷案件

1. 结婚证或婚姻登记机关的证明；

2. 没有登记结婚的，关于同居时间或举行婚礼时间的证明；

3. 再婚的，原离婚调解书、判决书或有关部门的证明；

4. 被告下落不明的，关于下落不明时间、情况的证明；

5. 一方或双方为现役军人的，提供所在部队团以上政治机关出具的证明；

6. 一方智力有缺陷、患有性病、精神病的病情诊断等证据；

7. 一方因犯罪被判刑劳改的，关于原判法院、刑期和劳改地点的证明；

8. 婚后感情的事实依据；

9. 一方有过错的相关证据；

10. 子女姓名、性别、年龄、生活状况的证明；

11. 养子女、继子女的有关证明；

12. 请求抚养子女的有利条件或其他条件的证明；

13. 请求给付抚养费数额的依据（双方工资或劳动收入等）；

14. 财产名称、数量、价值的证明；

15. 财产性质（婚前、婚后或夫妻约定财产）的证明；

16. 储蓄、国库券、股票等财产的证明或相关线索；

17. 债权债务情况及性质（婚前、婚后、男女一方单独债权债务）的证明；

18. 住房情况（私房建造时间、面积、造价；公房户名、面积、间数、常住人口、分配来源）的证明；

19. 其他证据。

二、继承遗产纠纷案件

1. 公安机关、医院关于被继承人死亡的证明；被继承人的死亡日期的户籍资料或宣告死亡的判决书；亲属关系证明；

2. 被继承人主要遗产所在地的证明及遗产种类、数量及折价清单；

3. 被继承人生前债权、债务情况的证明；

4. 被继承人遗嘱原件，公证遗嘱的公证书，代书、录音或危急情况下口头遗嘱，及所附的两份以上证人材料；

5. 养子女、非婚生子女、形成抚育关系的继子女应提供收养、出生证明、形成抚育关系的证明材料；

6. 继承人放弃继承权的亲笔书写的弃权书及有关证据；

7. 丧偶儿媳、女婿继承公婆、岳父母遗产的，关于自己尽了主要赡养义务的证明；

8. 关于继承人以外的依靠被继承人抚养的缺乏劳动能力又无生活来源的人或者继承人以外的对被继承人抚养较多的人要求分得被继承人遗产的有关证明；

9. 医院关于继承人已怀孕的证明；

10. 其他证据。

三、抚育费案件

1. 离婚调解书、判决书或婚姻登记机关的证明；

2. 工资、收入状况的证明；

3. 子女身体状况的证明；

4. 子女医疗费用票据；

5. 子女学习费用的票据及有关证明；

6. 其他证据。

四、变更子女抚养关系案件

1. 离婚判决书、调解书或婚姻登记机关的证明；
2. 各自抚育子女有利或不利条件的证明；
3. 各自经济收入情况的证明；
4. 8周岁以上未成年子女本人的意见；
5. 其他证据。

五、赡养纠纷案件

1. 被赡养人的身体、经济、居住等情况的证明；
2. 子女对被赡养人的赡养情况的证明；
3. 子女各自的收入、居住等情况的证明；
4. 其他证据。

六、债务纠纷案件

1. 借款协议或借据；
2. 借贷关系有担保人的，有关担保的证据；
3. 借贷双方交付、收到钱款的凭证；
4. 债务人借款用途的证明；
5. 债务人应当支付利息的证明；
6. 无利息约定，债权人要求债务人偿付逾期利息，或者不定期无息借款经催告不还，债权人要求偿付催告后利息的，关于到期不还或经催告不还的证据；
7. 债务人下落不明的，关于证明债权凭证真实性及清偿债务的相关证据；
8. 付款付息凭证；
9. 其他证据。

七、人身损害赔偿纠纷案件

1. 纠纷发生的时间、地点、起因的证据；其他部门处理纠纷的相关证据；

2. 被告实施侵害行为的证据；

3. 人身受到侵害及伤害后果的证明（病情诊断、法医鉴定、有关照片等）；

4. 赔偿医疗费、误工费、护理费及交通费的证据（医疗费单据、误工天数和误工收入的证据、医疗部门准许专人护理的证明和护理费凭证、车船票等）；

5. 要求赔偿丧葬费或生活费的，关于亲属关系的证明、受害者生前抚养、扶养、赡养情况的证明、丧葬费凭证；

6. 被告无过错或受害人对发生损害亦有过错的证明；

7. 其他证据。

八、财产损害赔偿纠纷案件

1. 纠纷发生的时间、地点、起因的证据；

2. 被告实施侵害行为的证据；

3. 财产受损害情况的证明（财产名称、数量和发货票、受损害现场和实物的照片、有关部门的鉴定等）；

4. 财物修复所需费用的证明；

5. 产权有争议的受损财产的产权证明；

6. 被告无过错或者受害人对发生损害亦有过错的证明；

7. 其他证据。

九、因饲养动物引起的损害赔偿纠纷案件

1. 关于动物的饲养人或管理人的证明；

2. 受害人受到侵害及损害后果的证明（病情诊断、法医鉴定、有关照片等）；

3. 由于受害人的过错造成损害的证明；

4. 由于第三人的过错造成损害的证明；

5. 其他证据。

十、因产品质量不合格引起的赔偿纠纷案件

1. 产品原物、遗留物或照片；

2. 产品制造者、销售者的证明（产品的票据、信用卡、保修证）；

3. 有关部门质量鉴定证明；

4. 人身、财产受到侵害及损害后果的证明；

5. 运输者、仓储者对他人财产、人身按时完成负有责任的证明；

6. 其他证据。

十一、交通事故赔偿纠纷案件

1. 公安交通部门的责任认定书、调解书或复议裁定书；

2. 受害人受到伤害及伤害后果的证明（病情诊断、法医鉴定、伤情等级、有关照片等）；

3. 赔偿医疗费、误工费、护理费、住宿费及交通费的证据（医疗费单据、误工天数和误工收入的证明、医疗部门准许专人护理的证明及护理费凭证、住宿费单据、车船票等）；

4. 要求被扶养人生活费的，提供亲属关系证明、被扶养人情况证明（含出生日期及其他扶养人情况证明）；

5. 其他证据。

十二、因涉及企业开除、除名、辞退职工引起的劳动争议案件

1. 劳动仲裁委员会的裁决书；

2. 关于劳动仲裁委员会对起诉方裁决书送达日期的证明；

3. 双方所签订的劳动合同或其他关于雇佣关系的证明；

4. 工作起止日期的证明；

5. 企业开除、除名、辞退职工的决定、通知；

6. 按企业内部规章制度处罚的有关规章制度；

7. 职工违章违纪的证明；

8. 职工的工资、资金等收入情况的证明；

9. 用工单位支付培训费凭证；

10. 职工必须服务期限规定；

11. 其他证据。

十三、追索劳动报酬的劳动争议案件

1. 劳动仲裁委员会的裁决书；
2. 劳动仲裁委员会对起诉方裁决书送达日期的证明；
3. 双方所签订的劳动合同或其他关于雇佣关系的证明；
4. 工作起止日期的证明；
5. 出工人员名单；
6. 出工人员劳动天数及应得工资额的证明；
7. 拖欠劳动报酬具体数额的证据；
8. 其他证据。

十四、因劳动保险、劳动保护引起的劳动争议案件

1. 劳动仲裁委员会的裁决书；
2. 劳动仲裁委员会对起诉方裁决书送达日期的证明；
3. 双方所签订的劳动合同及其他关于雇佣关系的证明；
4. 工作起止日期的证明；
5. 企业交纳养老保险金、住房公积金的证据；
6. 职工的工资、资金等收入情况的证明；
7. 职工伤势鉴定及医疗费单据；
8. 其他证据。

十五、申请承认外国法院离婚判决案件

1. 申请人国籍证明（户口本、护照等）；
2. 外国法院离婚判决书（调解书）正本及证明无误的中文译本；
3. 作出判决（调解）的法院出具的判决（调解）已生效的证明文件，该证明文件应经该外国公证部门公证和我国驻该国使、领馆认证，并应提供经证明无误的中文译本；
4. 作出判决（调解）的外国法院已合法传唤被告出庭的有关证明文件，该证明文件应经该外国公证部门公证和我国驻该国使、领馆认证，并应提供经证明无误的中文译本；
5. 作出判决（调解）的外国法院的应诉通知或出庭传票。

十六、房产案件应提交的材料

（一）房屋产权纠纷案件

1. 房屋产权凭证；

2. 房屋来源（买受、继承、析产、受赠等）的证明；

3. 共有房产形成（共同投资建造、翻建、购买、继承、受赠等）的证明；

4. 房产登记变更（登记、变更登记、产权转移等）的证据；

5. 房屋使用、管理、收益情况证明；

6. 交纳房地产税人的姓名及纳税时间、金额、票据等；

7. 其他证据。

（二）房屋买卖纠纷案件

1. 房屋产权凭证；

2. 房屋买卖合同及公证书；

3. 有关机关批准买卖房屋的文件；

4. 关于房屋交付情况的证明；

5. 买卖双方交付、收取房款的凭证；

6. 买主身份、买房用途及房籍情况的证明；

7. 共有房屋的其他共有人放弃优先购买权和同意出卖房屋的证据；

8. 出租房屋的承租人放弃优先购买权的证据；

9. 其他证据。

（三）房屋租赁纠纷案件

1. 房屋产权凭证；

2. 房屋租赁许可证；

3. 房屋租赁合同；

4. 欠租时间、金额的证明或者欠据；

5. 修缮前房屋质量情况的证明和为修缮房屋支出的合理费用的凭证；

6. 原房屋平面构造草图；

7. 转租协议及转租人从中渔利的证据：

8. 其他证据。

（四）房屋腾迁纠纷案件

1. 房屋产权凭证；

2. 房屋租赁合同；

3. 被腾迁人家庭人口及是否有其他住房或可搬迁之处的证据；

4. 房主收回房屋后的用途（自用或继续出租等）的证明；

5. 出租房被买卖的，是否以同样价格让承租人优先购买的证据；

6. 房主是否提前三个月通知承租人搬迁的证据；

7. 其他证据。

十七、借款合同纠纷

1. 合同（借款申请书、有关借款的凭证、协议书和当事人双方同意修改借款合同的有关书面材料）；

2. 担保手续；

3. 贷款保证的物资和财产的凭证；

4. 借款实际用途证明；

5. 还款通知书；

6. 还款付息凭证；

7. 利息计算明细；

8. 利息计算的依据；

9. 其他证据。

十八、财产保险合同纠纷

1. 合同及变更合同内容的协议、批注或者批单；

2. 投保单；

3. 保险单或保险凭证；

4. 预约保险合同及预约保险单；

5. 交付、收取保险费的凭证；

6. 投保方不申报、隐瞒、错误申报主要危险情况的证明；

7. 投保方关于保险标的过户、转让、出售的书面通知；

8. 投保方通知保险方保险标的的变更用途或增加危险程度的证明；

9. 保险方提出消除不安全因素的合理建议；

10. 由于投保方的故意而发生保险事故的证明；

11. 发生保险事故后投保方采取措施避免扩大损失的证明；

12. 投保方发生事故当时实际遭受损失的证明；

13. 损失物资价值和投保方从第三者取得赔偿的证明；

14. 其他证据。

13类诉讼案件原告不需要提供证据

中华杨氏律师联盟

按照我国民事诉讼法的规定，民事诉讼案件采取“谁主张，谁举证”的举证原则，即谁起诉提出请求，谁就提供证据证明。但是有一些特殊的诉讼案件，我国法律特别规定，原告不需要向法庭提供证据，证据需要被告向法庭提供；如果被告拿不出证据，就要承担败诉的风险。

一、5种情形原告不需要提供证据

1. 以法定代理人身份代子女要求对方支付抚养费的，不需要提供证据。若对方抗辩已经尽到抚养义务，由被告提供证据证明如何尽的抚养义务。

2. 发生劳动争议，劳动者起诉，有些争议事项有关的证据属于用人单位掌握管理的，用人单位应当提供，不用你费心思寻找；用人单位不提供的，应当承担不利后果。

3. 用人单位开除、除名、辞退员工，或解除劳动合同、减少劳动报酬、计算劳动者工作年限等发生劳动争议，劳动者不服起诉的，由用人单位举证。

4. 消费者在购买机动车、计算机、电视机、电冰箱、空调器、洗衣机等耐用商品，接受装饰、装修等服务，6个月内发现商品有瑕疵，因有争议起诉的，由经营者承担有关瑕疵的举证责任。

5. 公司欠债，债权人起诉的，要求一名有限责任公司的股东对公司债务承担连带责任，由股东证明公司财产独立于股东自己的财产，债权人不需要举证。

二、8类侵权案件由被告承担相应举证责任

1. 医疗事故致损。患者因在医院治疗出现事故而起诉医院的，患者不

用提供证据，由医疗机构就医疗行为与损害结果之间不存在因果关系及不存在医疗过错提供证据。

2. 饲养的动物侵权致损。被动物伤害提起的侵权诉讼，自己不须提供自己没有过错的证据，而由动物饲养人或者管理人就受害人有过错或者第三人有过错承担举证责任。

3. 高空坠物致损。被高空坠物侵害，你不需要提供证据证明谁造成的过错，由所有人或者管理人对其无过错承担举证责任。

4. 专利侵权致损。发现发明专利被侵权引起的诉讼，由制造同样产品的单位或者个人提供其产品制造方法不同于专利方法的证明。

5. 环境污染致损。发现因污染被侵权而起诉，污染者就法律规定的免责事由及其行为与损害结果之间不存在因果关系承担举证责任。

6. 共同危险致损。侵权人就侵权行为与损害结果之间不存在因果关系承担举证责任。

7. 缺陷产品致损。产品销售者或生产者就法律规定的免责事由承担举证责任。

8. 高度危险作业致损。高度危险物的占有人、使用人或管理人就受害人故意造成损害的事实承担举证责任。

我们都是杨律师
——本书作者介绍

● 杨永明

杨永明，男，汉族，1966 年 9 月 23 日出生，天水市人，大学本科学历，法学学士学位，现为甘肃纪元律师事务所主任，二级律师。

1994 年 10 月至今从事律师工作。

擅长行政诉讼、刑事辩护等业务，熟悉安全生产、环境保护、PPP 等法律法规，参与起草政府规范性文件、地方立法草案、精通公司法务。

先后为天水市第五届人大代表，人大常委会委员，天水市第六届人大代表，现担任甘肃省人民政府行政执法监督员、天水市人民政府法律顾问，天水市律师协会副会长、常务理事，甘肃省律师协会常务理事、天水市仲裁委员会仲裁员。先后被评为天水市优秀律师、甘肃省优秀律师、全国法律援助先进个人、首届全国十佳法律援助工作者候选人。

● 杨树田

杨树田，北京善士律师事务所首席律师、合伙人，中华杨氏律师联盟副会长，中国东方文化研究会诉讼文化委员会副会长。

擅长代理承办刑事辩护和民商、行政、房地产纠纷案件。

典型案例：

1. 杨×坤等三人犯绑架罪（犯罪中止）案；

2. 常×国等三人犯故意伤害罪（致死）案；

3. 戚本明等二人犯故意伤害罪（致死）案；

4. 烟台张裕葡萄酿酒股份有限公司与烟台假日葡萄酿酒有限公司、福州通天贸易有限公司、谢文飞等侵犯商标专用权纠纷案；

5. 燕京啤酒（莱州）有限公司与笪世清委托代理销售合同纠纷案；

6. 张福海诉烟台市福山区人民政府撤销行政复议决定案；

7. 李光明诉烟台市房地产管理局撤销拆迁决定案；

8. 烟台协基实业有限公司与中建五局土木工程有限公司建设工程施工合同纠纷案。

手机号码：15321510178，15321662278，18363852777（微信同步）

• 杨厚军

杨厚军，1974 年 6 月生，中共党员，法学本科，1998 年通过全国律师资格考试。山东科圣律师事务所律师，中国法学会会员，中华杨氏律师联谊会（律师联盟）常务理事，山东省律协顾问委员会委员，山东省枣庄市律师协会常务理事、商事委员会主任，山东省枣庄市律师协会滕州分会副会长，山东枣庄仲裁委员会仲裁员，枣庄市法律专家人才库成员，中国法学会第二期、第三期刑法论坛高峰论坛嘉宾，中国人民大学律师学院第六期刑辩学员。

2014 年先后在国家级期刊《法学教育》发表文章《论侦查阶段犯罪嫌疑人权利保障》《对一起掩饰、隐瞒犯罪所得、犯罪所得收益罪案件的法律评析》等。

2008 年被评为“山东省枣庄市优秀法律服务工作者”，2012 年被中国司法部授予“全国法律援助先进个人”的称号，2015 年被评为“山东省滕州市优秀十佳律师”，2018 年分别被评为山东省枣庄市优秀十佳律师、滕州市优秀律师。

现担任山东省枣庄市委、枣庄市人民政府、山东省滕州市人民政府、滕州市公安局等多家政府单位法律顾问，被滕州市人大常委会聘为法律咨询员，同时担任连云港顺天木业有限公司、枣庄市瑞泰炉窑工程有限公司、山东大地麦芽有限公司等多家企业常年法律顾问。

常年参加山东省枣庄市电台、滕州市电台法制热线节目以及各级单位组织的法制宣传活动。

杨厚军律师讲究“专业服人，诚信待人，尽职敬业”的执业理念，辩护意见采纳率较高，许多案件得到免予刑事处罚、罪轻及缓刑处理。

杨厚军律师代理辩护的典型案件主要包括：

1. 阮某某涉嫌票据诈骗案，成功辩护改变罪名、降低刑期；
2. 徐某某涉嫌故意杀人案，成功辩护判处死缓；
3. 王某某涉嫌黑社会犯罪案件获得轻判；
4. 洪某某涉嫌故意杀人案，成功辩护判处八年有期徒刑；
5. 陈某某涉嫌故意杀人案，成功辩护判处四年有期徒刑；
6. 田某某涉嫌过失致人死亡案，成功辩护不起诉；
7. 段某某涉嫌生产销售有毒有害食品案，成功辩护判处一年有期徒刑；
8. 陆某某涉嫌生产假药案，成功辩护不起诉；
9. 王某某涉嫌贩卖毒品案，成功辩护二审刑期由七年改为一年半。

联系电话：15863208111

电子邮箱：15863208111@163.com

联系地址：山东省滕州市北辛中路2606号拓展大厦

邮政编码：277599

● 杨综治

杨综治，毕业于西南政法大学，河南大进律师事务所合伙人、副主任，刑辩团队负责人，专职律师、投融资风险管理师。

工作伊始，曾供职于司法部《法治与新闻》杂志社河南省分社，1996年执业至今。

21 世纪初，曾响应国家号召只身援藏六年，是西藏自治区最年轻的律所主任。

痴心刑辩，是北大、人大、华政等高校刑辩班多年的学员，致力于职务、商业等领域犯罪辩护，企业家及政府公务人员刑事法律风险防范。

兼任的社会公职主要有：刑辩力机构（深圳）秘书长兼晋、豫两省负责人，河南省律协刑辩委委员，洛阳市律协刑辩委秘书长、建设工程委员会执行委员，洛阳市中级人民法院专家律师小组成员，洛阳市法学会理事，中华杨氏律师联盟副会长，2018—2019 年度中国东方文化研究会诉讼文化委员会副会长等职。

最高人民检察院主办的《律政方圆》曾对其有过专访报道。2016 年中国诉讼论坛授予其“中国刑事诉讼专家律师”称号，2017 年获首届“洛阳市十佳优秀律师”荣誉称号。

联系电话：13613898946

● 杨　华

杨华律师，系四川发现律师事务所合伙人，成都市律师协会律师考核委员会秘书长，四川省律师协会建筑和房地产专业委员会委员，四川省市场经济法律应用协会副会长、法律专家组副组长，中国东方文化研究会诉讼文化委员会副会长。

杨华律师对企业和行政机关法律风险防控（刑事和民事）进行了近20年的研究。

杨华律师先后被某市交通运输局、城乡建设局、劳动和社会保障局、规划管理局、疾病预防控制中心、计划生育委员会等行政机关和工商联合会聘为法律顾问。同时还被多家大型建筑工程公司、房地产开发企业等聘为法律顾问。

杨华律师具有专业的理论水平和丰富的办案经验，思维敏捷，执业以来代理了数百起案件。多年的执业经历，使杨律师积累了丰富的办案经验和娴熟的办案技巧。

杨华律师成功办理了大量刑事案件，如：公安机关撤销案件、检察院不予起诉案件、法院宣判无罪案件等刑事案件。

杨华律师也办理了大量成功的建筑领域案件、合同纠纷案件、公司股东纠纷案件等，为当事人挽回了巨大的经济损失。

杨华律师参与编辑了《公职人员刑事法律风险防范适用手册》（中国政法大学出版社出版），她办的案子还被选入司法行政（法律服务）案例库。

● 杨云亮

杨云亮，北京善士律师事务所律师、执行主任。中国东方文化研究会诉讼文化委员会会长助理兼副秘书长、中华杨氏律师联盟会长助理、中国诉讼论坛组委会委员、陕西省职业经理人协会常务副会长、城乡小康发展促进中心专业人才库陕西省管理中心法律人才专家委员会副主任委员。曾荣获2018年度“中华杨氏青年优秀律师”“2018・诉讼文化构建优秀人物”，陕西省西安市莲湖区第三届“莲湖青年五四奖章”。

擅长代理承办企业家经济犯罪辩护业务和企业经济纠纷业务。

代理或承办的典型案件：

1. 北京达通国际贸易有限公司法定代表人张某非法吸收公众存款案；
2. 陕西中通实业股份有限公司法定代表人周某合同诈骗案；
3. 陕西华都置业有限责任公司金融借款保证合同纠纷案；
4. 陕西华都置业有限责任公司金融借款合同纠纷案；
5. 陕西标准工业股份有限公司企业商标专用权保护案；

……

手机号码：18614013931

微信号码：yangyunlianglvshi

● 杨　涛

杨涛，男，清华大学法学专业毕业。律师执业近30年。

1999年，他发起成立了重庆季霖律师事务所，任律师事务所主任，是重庆季霖律师事务所领军人物。

杨涛律师将法律融于生活，为求公正发声、发言，他秉持中立、公正、高效、廉洁的执业理念，业务专长：建筑工程合同纠纷等民、商事法律事务；刑事辩护等。

杨涛律师具备高业务素质，执业多年不断学习，刻苦研究，在执业过程中积累了相当丰富的办案经验，具备较强的处理非诉讼法律事务的经验和技巧，具有较强的办理重大、疑难案件的业务能力。先后被重庆市仲裁委员会聘请为仲裁员，被重庆市江津区人民政府及辖区数十家机关企事业单位聘请为首席常年法律顾问。

杨涛律师带领着他的律师团队，走规模化、专业化、品牌化的道路，用法律手段抑恶扬善，为正义呐喊，践行司法为民的理念。

杨涛律师本着平凡做人、踏实做事的低调务实作风，为社会各界提供了高效优质的法律服务产品，得到社会的肯定和好评。先后被重庆司法系统评为“重庆诚信执业百优律师”“优秀法律顾问”“法律服务先进个人”。

● 杨　涛

杨涛，山东科圣律师事务所律师、创始合伙人。1991 年毕业，从事教育工作十余年，期间考取律师资格。擅长刑事辩护及金融、保险案件。

在法律服务工作中，秉承“言忠信，行方正”的理念，勤勉为委托人提供法律服务。

典型案例：

1. 山东魏某某骗取贷款案，某某市人民检察院撤回起诉；
2. 山东李某某故意杀人案，经山东省某某区人民法院公开审理改变定性为故意伤害案；
3. 山东杨某某涉黑案、山东郭某某涉黑案；
4. 山东丁某某涉嫌挪用公款案，不起诉；
5. 胡某进贩卖运输毒品案，获轻判等。

联系电话：13869481116（微信同步）
电子邮箱：sdtdyangtao@163. com
联系地址：山东省滕州市北辛中路拓展大厦五楼

● 杨永存

杨永存，男，北京市国汉律师事务所律师，高级合伙人，中华杨氏律师联盟常务理事。

北京大学法学专业毕业，法学学士学位。

先后担任金五星集团法务部长、首席法律顾问，北京市园林绿化处、北京平治东方科技股份有限公司、赛能杰高新技术股份有限公司、高杜商业管理有限公司、上浦物业有限公司、融360集团下属北京融世纪有限公司等多家国有、私营企业的法律顾问。

杨永存律师的主要业务领域为：金融证券及金融不良资产处置、房地产开发、房屋买卖合同等民商事诉讼及仲裁等。

杨永存律师曾多次在《人民法院报》发表专业文章；受邀担任北京电视台律师门诊室特邀嘉宾；作为中国农业银行股份有限公司、民生银行股份有限公司入库律师，先后为中国农业银行、民生银行北京分行的不良资产处置、信贷纠纷等提供专业法律服务；从事法律职业近二十年，在公司劳动争议处理、企业法律顾问等方面具有专长；在房产买卖、租赁纠纷、合同撤销及代位追偿权合同纠纷等方面积累了丰富的经验。在北京金五星房地产开发公司河北省邯郸市开发项目处置、孙某与张某离婚后财产纠纷、融360互联网金融平台不良资产处置等案件中，积累了大量的专业知识和实务操作经验。

联系电话：13911686330（微信同步）
电子邮箱：y6330@126.com
联系地址：北京市朝阳区建国路93号院万达广场8号楼9层

● 杨智泉

杨智泉，黑龙江加格达奇律师事务所合伙人、执行主任；大兴安岭地区律师协会常务理事；中共大兴安岭地委专家组成员；中国诉讼文化副秘书长；从事过公安工作，曾担任过公证员、政法委执法督查、乡镇领导等职务。2002 年起先后在内蒙古、天津开发区及黑龙江做专职律师，积累了较为丰富的工作经验、庭审技巧和诉讼经验。擅长民商事诉讼，代理多起社会影响较大的民事、刑事案件，并受邀在多家行政、企事业单位担任法律顾问，从客户角度出发提供高效可靠的法律服务及解决方案，深受客户信任。

联系电话：18604573838

经典案例：

1. 北京闫莫某冒充中央纪委领导诈骗案；
2. 澳大利亚外教丹尼尔交通事故案；
3. 吉林省长春市谢某某 530 万元诈骗案；
4. 内蒙古赤峰市丁某某等 15 人贩卖毒品案。

• 杨夏冬

杨夏冬，福建元一律师事务所律师、合伙人、副主任。福建工程学院兼职教授，福州市第六次律师代表大会代表，福州律师协会第三届监事会监事，福建省第十次律师代表大会代表，福建省律师协会宣传联络及文化建设委员会委员。曾获2018年中华杨氏专家权威律师，2019年中共福建省律师行业委员会全省律师行业优秀党务工作者。

曾发表过的论文有：《论我国选举制度的不足与完善》《论中小股东利益的保护问题》《论所有权的限制》《论夫妻共同财产》《劳动争议案件及处理研究》《论交通事故案件中的证据收集》，等等。

擅长业务：刑事辩护、劳动争议（工伤、劳务纠纷）、合同纠纷（借贷、租赁、转让、买卖等）、侵权责任纠纷、文书写作与合同起草审查等。

代理或承办的典型案件：

1. 陈某猥亵儿童案；
2. 曹某机动车交通事故责任纠纷案；
3. 林某赠与合同纠纷案；
4. 王某非法经营案。

手机号码：13859088283（微信同步）

杨笃红

杨笃红，男，1966 年 9 月出生，大学学历，毕业于山西大学、原国家法官学院，现系山西弘明律师事务所专职律师（执业证号：11408201110506387）、律所副主任、合伙人，从事法律工作近三十年，现居山西永济。

杨笃红曾参与过全国第二次、第三次“严打”工作，处理过晋南“南征北战”“黑砖窑”事件。其经手的个别案件，如陕西断脚少年案，曾在央视“焦点访谈”栏目、“社会与法”栏目作过专项报道。在法院工作期间通过国家司法考试。

2010 年，杨笃红供职于山西弘明律师事务所，先后成功代理了山西平陆泰和建筑工程有限公司建设工程合同纠纷一案（案值 1200 万元）、山西金恒丰润特钢制品有限公司诉陕西府谷县亿德镁合金有限责任公司租赁合同纠纷一案（案值 700 万元）、山西稷山人社局连续四次不认定工伤案等。

现主要从事刑事方面的法律业务，兼顾民事、商事、行政和个人法律事务并担任数家公司法律顾问，同时承担着诸多公益法律项目。

电话：13015416037（微信同步）　18635927525
邮箱：422524706@ qq. com

● 杨秀平

杨秀平，广东红棉律师事务所律师、副部长、党代表。广东省新阶联律师行业分会会员代表、广州市司法局“暖企行动”百名专家律师团专家律师等。

曾发表《从“道德绑架”引发的法律思考》等学术论文。

擅长代理承办民事案件、经济案件以及非诉讼案件。

代理或承办的典型案件：

1. 代理广东某商贸连锁股份有限公司与广州市某商贸有限公司系列房屋租赁纠纷案件，取得良好社会效果；

2. 代理韦某、陈某诉佛山市某房地产开发有限公司、恒大地产集团有限公司商品房预售合同纠纷案件，获得胜诉；

3. 代理广东某商贸连锁股份有限公司诉姜某房屋租赁纠纷案件，成功调解结案，取得良好社会效果；

4. 代理广东某商贸连锁股份有限公司诉张某房屋租赁纠纷案件，获得胜诉；

5. 代理广东某商贸连锁股份有限公司诉刘某房屋租赁纠纷案件，获得胜诉；

6. 代理苏某诉清远市某置业公司商铺租赁纠纷案件，成功调解结案，取得良好社会效果；

7. 代理深圳市某实业发展公司诉陈某、广州某地产公司房屋买卖合同纠纷案件，获得胜诉；

8. 代理覃某诉赖某、梁某民间借贷纠纷案件，该案案情复杂，诉讼争议标的金额近1500万元，最终获得胜诉；

9. 代理曾某诉刘某、刘某某、清远市某担保公司民间借贷纠纷案件，成功调解结案，取得良好社会效果；

10. 代理凌某、邓某玲、邓某幸、邓某彬、邓某平、段某凤诉乐昌某私人诊所、梁某、陈某医疗损害赔偿责任纠纷案件，获得胜诉；

11. 代理谢×诉邓某标、李某乐、李某春、陈某德、龚某国、王某民、戴某爵、邓某系列货物运输合同纠纷案件，均获得胜诉；

12. 代理广州某餐饮有限公司与沈某、姚某企业解散案件，成功调解结案，取得良好社会效果；

13. 代理罗某诉骆某、中国人民财产保险股份有限公司乐昌支公司交通事故人身损害赔偿纠纷案，获得胜诉；

14. 代理黄某诉崔某、刘某、紫金财产保险股份有限公司交通事故损害赔偿纠纷案件，获得胜诉；

15. 代理广东某商贸连锁股份有限公司与广东某合资产经营有限公司、广东某联资产经营有限公司重大资产重组案件，取得良好社会效果；

16. 代理国有控股企业广东某商贸有限公司企业清算、解散案件，取得良好社会效果；

17. 代理广东某商贸连锁股份有限公司与广东某网络科技有限公司企业承包纠纷案件，成功处理员工及供应商群体上访案件，取得良好社会效果；

18. 代理广东某商贸连锁股份公司与湛江某贸易公司、茂名某贸易公司企业并购案件，取得良好社会效果；

19. 代理广东某商贸连锁股份公司与深圳某集团公司企业融资案件，取得良好社会效果；

20. 代理广东某商贸连锁股份公司与员工贾某劳动合同纠纷案件，在广东省劳动人事争议调解仲裁院裁决我方败诉的不利情况下，在法院审理阶段成功实现反转，经一审、二审及再审程序，最终获得胜诉。

手机号码：13660429449

微信号：yxp3372218

同姓同宗，同行同行
——中华杨氏律师联盟介绍

中华杨氏律师联盟于 2015 年 7 月，由北京善士律师事务所杨培国律师策划、组织，由在北京执业的杨光律师、杨鸿飞律师、杨在明律师、杨永嘉律师、杨红卫律师等几位杨氏律师共同倡议，并于 2016 年 7 月 17 日在北京成立，旨在为全国各地的杨氏律师提供相互交流、相互帮助、相互合作、共同发展的平台，是共同为习近平总书记引领的新时代全面依法治国战略决策、实现中华民族伟大复兴的中国梦作出创新文化贡献、创新法治贡献的一个杨氏律师的合作模式。

中华杨氏律师联盟不是一个社会组织，而是基于“同姓同宗”的姓氏因缘，基于“同行同行”的价值理念，基于中国律师队伍里同是“杨律师”的统一称呼，便于相互熟悉、相互认知的一种交流形式。

中华杨氏律师联盟成立以后，杨培国律师注册了“杨律师”“杨氏图腾”作为法律服务的注册商标，并于 2016 年 10 月组织全国各地的十位优秀杨氏律师在中国民主法制出版社出版了众筹合著的《杨律师以案释法为你维权》，在 2017 年 5 月、2018 年 9 月、2019 年 9 月，分别举办了 2017 · 中华杨氏律师论坛、2018 · 中华杨氏律师论坛、2019 · 中华杨氏律师论坛等。

现在，由杨培国律师编剧的《律师杨门女将》网络大电影，正在组织拍摄。

截至目前，以中华杨氏律师联盟为背景的“律师杨家将”团队已经在中国律师界拥有了一定的知名度和美誉度，《中国律师》杂志、中国律师网、法制网、央视网、新浪网、搜狐网、网易、中华网、中外法制网、中国诉讼论坛网等均对中华杨氏律师联盟的一系列文化活动进行过广泛报道。

中华杨氏律师联盟由北京善士律师事务所主任杨培国律师担任会长，由北京中闻律师事务所监事主席杨凯律师担任监事长，由北京在明律师事务所主任杨在明律师担任秘书长。